ああ。
手紙を書くのって楽しいなあ。

光村の国語
語彙を広げる！
書いて、話して、伝わることば ②

話し合う 聞く たずねる 手紙を書く

光村教育図書

光村の国語

語彙《ごい》を広《ひろ》げる！書《か》いて、話《はな》して、伝《つた》わることば ❷

話《はな》し合《あ》う 聞《き》く たずねる 手紙《てがみ》を書《か》く

目次《もくじ》

この本《ほん》の使《つか》い方《かた》

この本《ほん》では，学校《がっこう》などで実践《じっせん》される書《か》いたり話《はな》したりするいろいろな活動《かつどう》を取《と》り上《あ》げ，その活動《かつどう》における具体的《ぐたいてき》な場面《ばめん》ごとに，よく使《つか》われる書《か》き方《かた》・話《はな》し方《かた》，効果的《こうかてき》なことばの使《つか》い方《かた》を紹介《しょうかい》します。

この本《ほん》は，3つの部分《ぶぶん》からできています。

1つ目《め》は「書《か》き方《かた》・話《はな》し方《かた》の型《かた》をおさえるページ」で，それぞれの場面《ばめん》でよく使《つか》われる書《か》き方《かた》・話《はな》し方《かた》と，その書《か》きかえ・言《い》いかえを「型《かた》」として紹介《しょうかい》します。

2つ目《め》は「ことばを選《えら》ぶページ」で，それぞれの場面《ばめん》での，書《か》き手《て》・話《はな》し手《て》の考《かんが》えに最《もっと》もふさわしいことばの選《えら》び方《かた》を紹介《しょうかい》します。

3つ目《め》は「ことばを広《ひろ》げるページ」で，使《つか》ってほしいことばの例《れい》をグループに分《わ》けてたくさん紹《しょう》介《かい》します。みなさんが実際《じっさい》に書《か》いたり話《はな》したりするときに，自分《じぶん》の考《かんが》えに最《もっと》もふさわしいことばがないか，この中《なか》をさがしてみてください。

私《わたし》たちは他《ほか》の人《ひと》になにかを伝《つた》えるとき，自分《じぶん》が知《し》っていることばを使《つか》って表現《ひょうげん》します。知《し》っていることばが増《ふ》えればことばの選択肢《せんたくし》が増《ふ》え，より豊《ゆた》かで的《てき》確《かく》な表現《ひょうげん》ができるようになります。さまざまな活動《かつどう》を通《とお》して，日本語《にほんご》の豊《ゆた》かさにふれてみましょう。

型《かた》をおさえる　書《か》き方《かた》・話《はな》し方《かた》の型《かた》をおさえるページ

例文《れいぶん》を見《み》て，文章《ぶんしょう》の構成《こうせい》と，よく使《つか》われる書《か》き方《かた》・話《はな》し方《かた》を確《たし》かめよう！

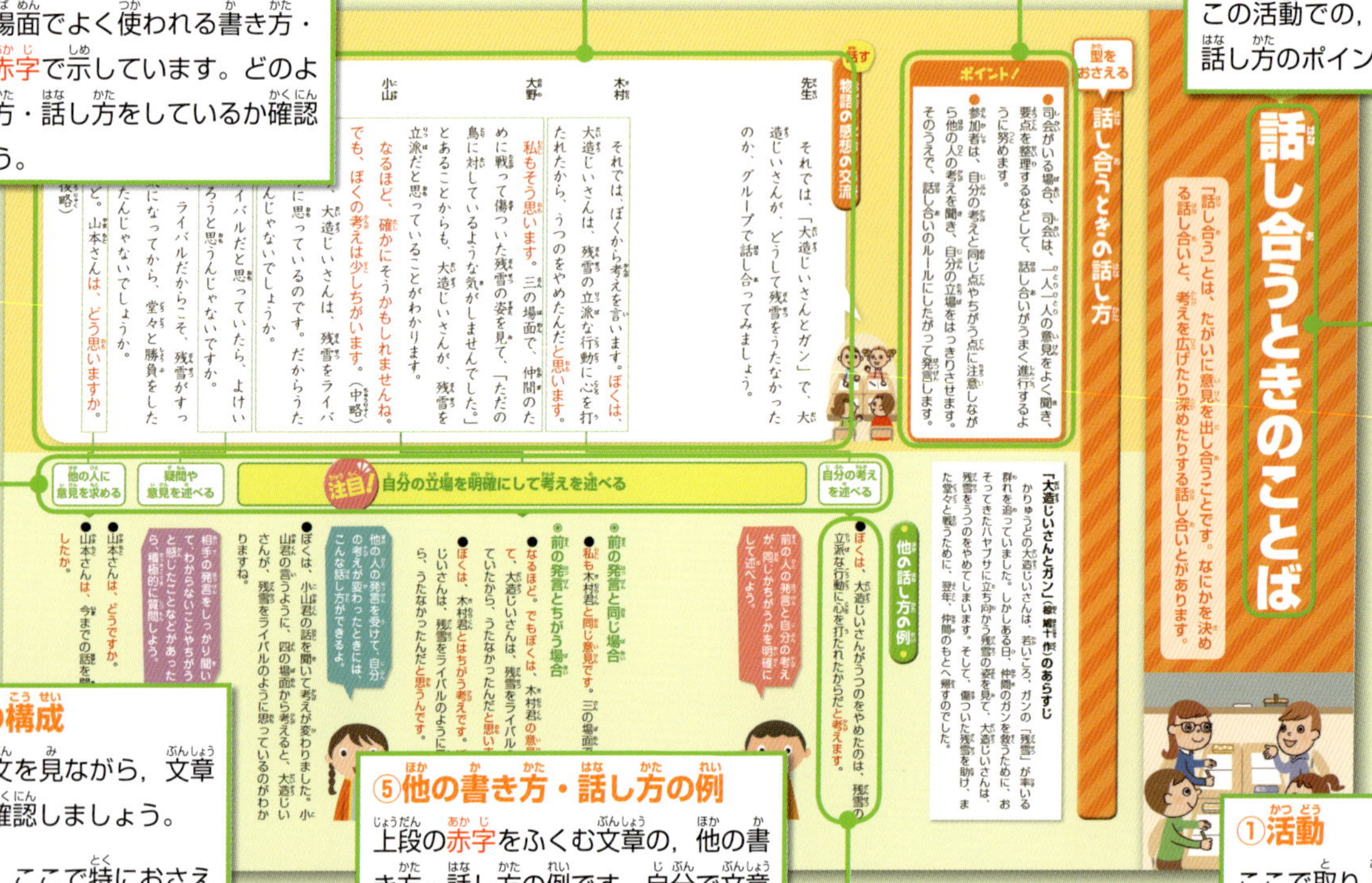

話す
物語の感想の交流
先生　それでは、「大造じいさんとガン」で、大造じいさんが、どうして残雪をうたなかったのか、グループで話し合ってみましょう。
木村　それでは、ぼくから考えを言います。ぼくは、大造じいさんは、残雪の立派な行動に心を打たれたから、うつのをやめたんだと思います。
大野　私もそう思います。三の場面で、仲間のために戦って傷ついた残雪の姿を見て、「ただの鳥に対しているような気がしませんでした。」とあることからも、大造じいさんが、残雪を立派だと思っていることがわかります。
なるほど、確かにそうかもしれませんね。でも、ぼくの考えは少しちがいます。（中略）
小山
他の人に意見を求める
疑問や意見を述べる
注目！　自分の立場を明確にして考えを述べる
自分の考えを述べる
他の話し方の例

●司会がいる場合、司会は、一人一人の意見をよく聞き、要点を整理するなどして、話し合いがうまく進行するように努めます。
●参加者は、自分の考えと同じ点やちがう点に注意しながら他の人の考えを聞き、自分の立場をはっきりさせます。そのうえで、話し合いのルールにしたがって発言します。
型をおさえる
話し合うときの話し方
話し合うときのことば
「話し合う」とは、たがいに意見を出し合うことです。なにかを決める話し合いと、考えを広げたり深めたりする話し合いとがあります。
「大造じいさんとガン」のあらすじ

①活動《かつどう》

ここで取《と》り上《あ》げる活動《かつどう》を示《しめ》しています。

②ポイント

この活動《かつどう》での，書《か》き方《かた》・話《はな》し方《かた》のポイントです。

③よく使《つか》われる書《か》き方《かた》・話《はな》し方《かた》

想定《そうてい》した場面《ばめん》でよく使《つか》われる書《か》き方《かた》・話《はな》し方《かた》を赤字《あかじ》で示《しめ》しています。どのような書《か》き方《かた》・話《はな》し方《かた》をしているか確認《かくにん》しましょう。

④文章《ぶんしょう》の構成《こうせい》

上段《じょうだん》の例文《れいぶん》を見《み》ながら，文章《ぶんしょう》の構成《こうせい》を確認《かくにん》しましょう。

注目！は，ここで特《とく》におさえておきたいポイントです。

⑤他《ほか》の書《か》き方《かた》・話《はな》し方《かた》の例《れい》

上段《じょうだん》の赤字《あかじ》をふくむ文章《ぶんしょう》の，他《ほか》の書《か》き方《かた》・話《はな》し方《かた》の例《れい》です。自分《じぶん》で文章《ぶんしょう》を作《つく》るときの参考《さんこう》にしましょう。

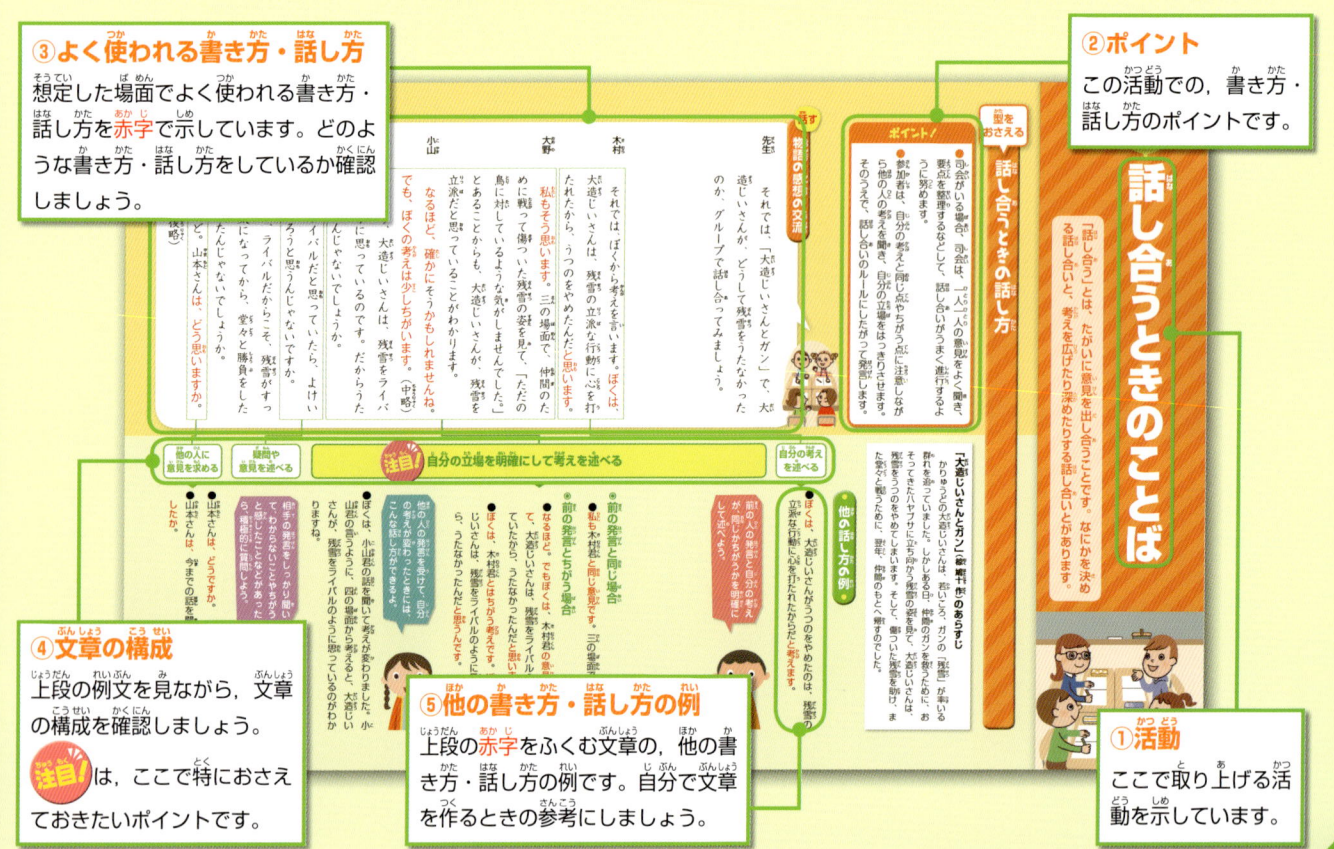

ことばを選《えら》ぶ

ことばを選《えら》ぶページ

場面《ばめん》や相手《あいて》に合《あ》わせて，よりよく伝《つた》わることばを選《えら》ぼう！

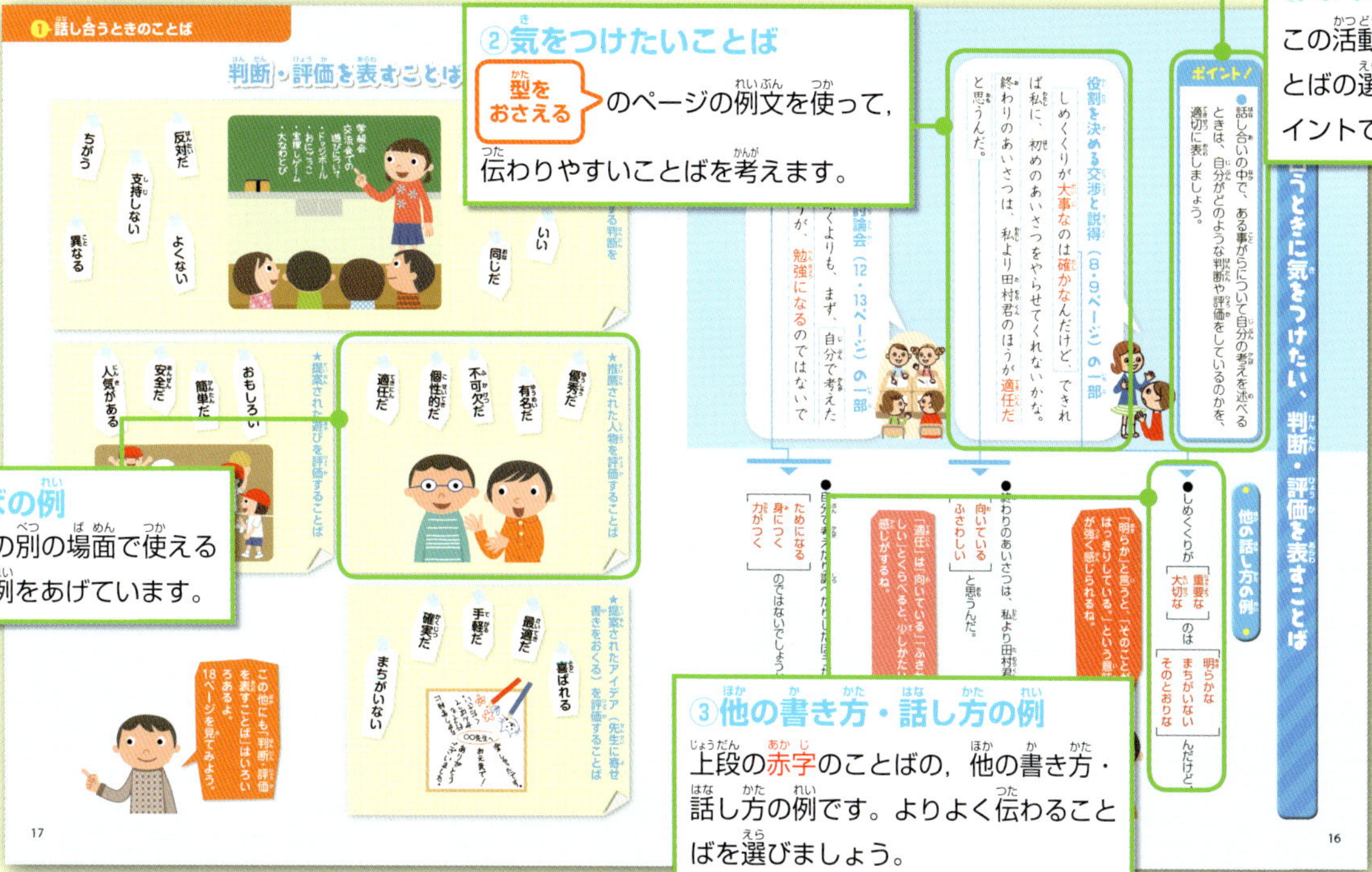

①ポイント
この活動《かつどう》での，ことばの選《えら》び方《かた》のポイントです。

②気《き》をつけたいことば
型《かた》をおさえる のページの例文《れいぶん》を使《つか》って，伝《つた》わりやすいことばを考《かんが》えます。

③他《ほか》の書《か》き方《かた》・話《はな》し方《かた》の例《れい》
上段《じょうだん》の赤字《あかじ》のことばの，他《ほか》の書《か》き方《かた》・話《はな》し方《かた》の例《れい》です。よりよく伝《つた》わることばを選《えら》びましょう。

④ことばの例《れい》
同《おな》じ活動《かつどう》の別《べつ》の場面《ばめん》で使《つか》えることばの例《れい》をあげています。

ことばの資料《しりょう》

ことばを広《ひろ》げるページ

たくさんのことばの中《なか》から，ぴったりなことばをさがしてみよう！

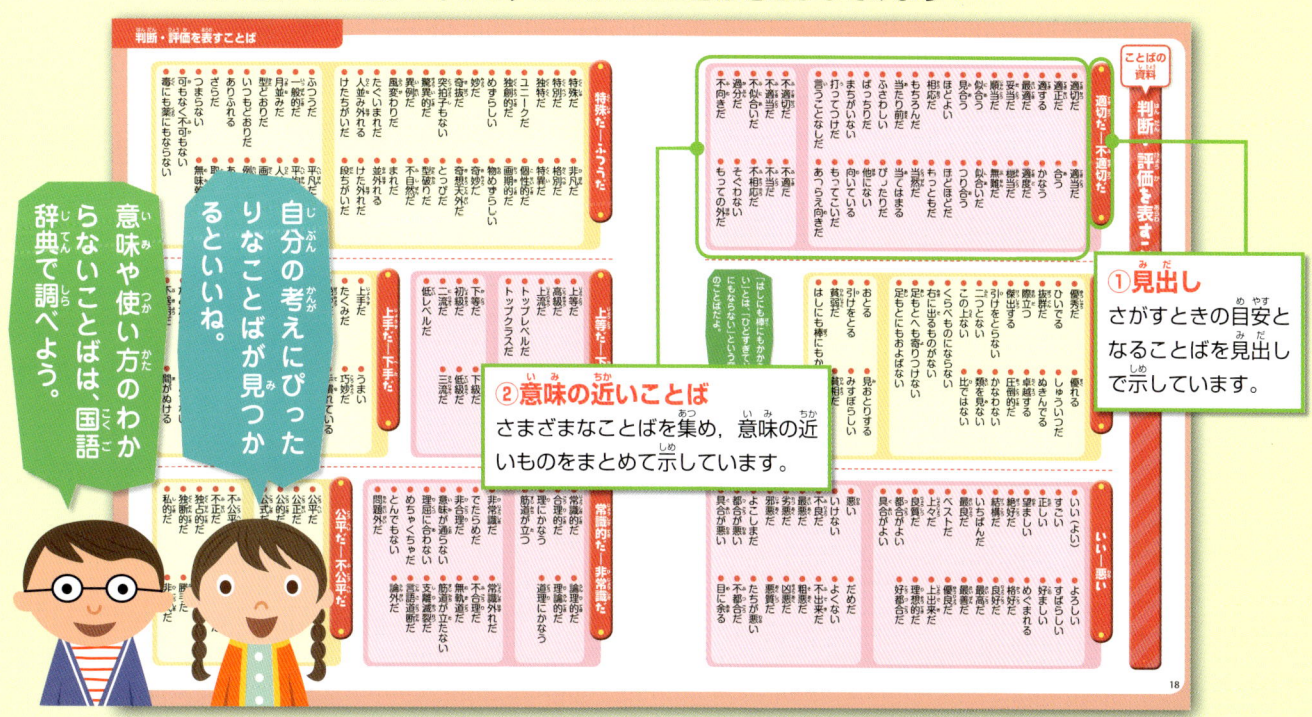

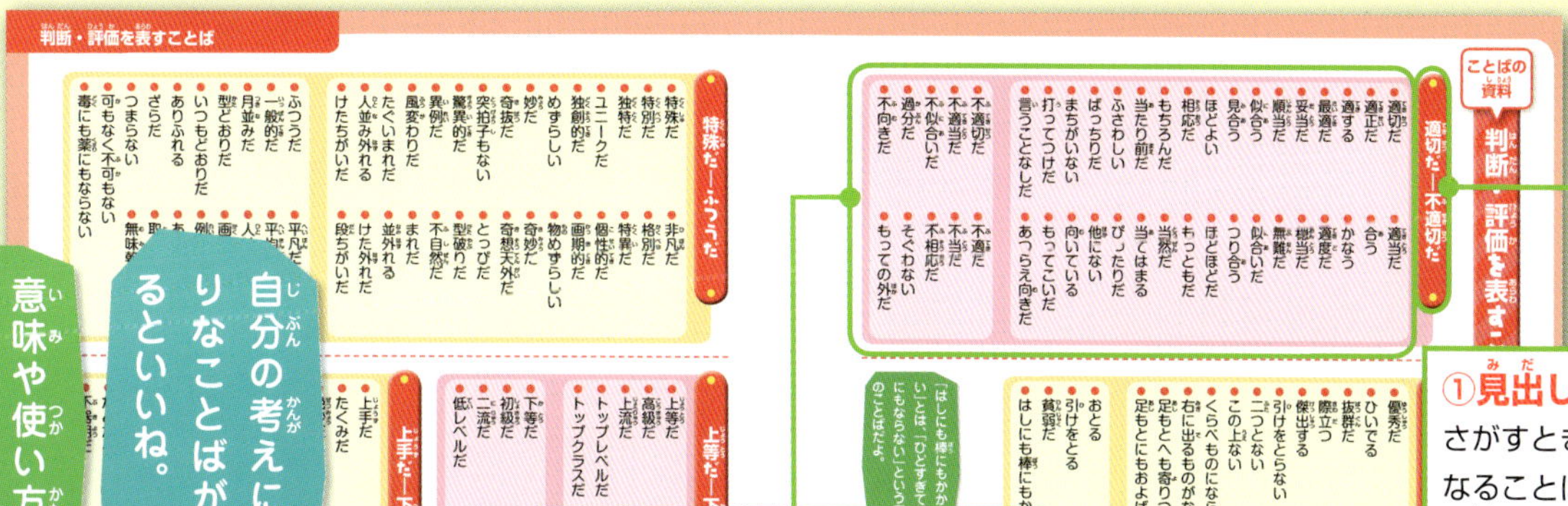

①見出《みだ》し
さがすときの目安《めやす》となることばを見出《みだ》しで示《しめ》しています。

②意味《いみ》の近《ちか》いことば
さまざまなことばを集《あつ》め，意味《いみ》の近《ちか》いものをまとめて示《しめ》しています。

1 話《はな》し合《あ》うときのことば

「話《はな》し合《あ》う」とは、たがいに意見《いけん》を出《だ》し合《あ》うことです。なにかを決《き》める話《はな》し合《あ》いと、考《かんが》えを広《ひろ》げたり深《ふか》めたりする話《はな》し合《あ》いとがあります。

型《かた》をおさえる

話《はな》し合《あ》うときの話《はな》し方《かた》

ポイント！

● 司会《しかい》がいる場合《ばあい》、司会《しかい》は、一人《ひとり》一人《ひとり》の意見《いけん》をよく聞《き》き、要点《ようてん》を整理《せいり》するなどして、話《はな》し合《あ》いがうまく進行《しんこう》するように努《つと》めます。

● 参加者《さんかしゃ》は、自分《じぶん》の考《かんが》えと同《おな》じ点《てん》やちがう点《てん》に注意《ちゅうい》しながら他《ほか》の人《ひと》の考《かんが》えを聞《き》き、自分《じぶん》の立場《たちば》をはっきりさせます。そのうえで、話《はな》し合《あ》いのルールにしたがって発言《はつげん》します。

話《はな》す

物語《ものがたり》の感想《かんそう》の交流《こうりゅう》

先生《せんせい》　それでは、「大造《だいぞう》じいさんとガン」で、大《だい》造《ぞう》じいさんが、どうして残雪《ざんせつ》をうたなかったのか、グループで話《はな》し合《あ》ってみましょう。

「大造《だいぞう》じいさんとガン」（椋《むく》鳩十《はとじゅう》作《さく》）のあらすじ

かりゅうどの大造《だいぞう》じいさんは、若《わか》いころ、ガンの「残雪《ざんせつ》」が率《ひき》いる群《む》れを追《お》っていました。しかしある日《ひ》、仲間《なかま》のガンを救《すく》うために、おそってきたハヤブサに立《た》ち向《む》かう残雪《ざんせつ》の姿《すがた》を見《み》て、大造《だいぞう》じいさんは、残雪《ざんせつ》をうつのをやめてしまいます。そして、傷《きず》ついた残雪《ざんせつ》を助《たす》け、また堂々《どうどう》と戦《たたか》うために、翌年《よくとし》、仲間《なかま》のもとへ帰《かえ》すのでした。

他《ほか》の話《はな》し方《かた》の例《れい》

自分《じぶん》の考《かんが》えを述《の》べる

● **ぼくは**、大造《だいぞう》じいさんがうつのをやめたのは、残雪《ざんせつ》の立派《りっぱ》な行動《こうどう》に心《こころ》を打《う》たれたから**だと考《かんが》えます**。

前《まえ》の人《ひと》の発言《はつげん》と自分《じぶん》の考《かんが》えが、同《おな》じかちがうかを明確《めいかく》にして述《の》べよう。

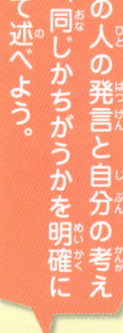

木村《きむら》　それでは、ぼくから考《かんが》えを言《い》います。**ぼくは、**大造《だいぞう》じいさんは、残雪《ざんせつ》の立派《りっぱ》な行動《こうどう》に心《こころ》を打《う》たれたから、うつのをやめたんだ**と思《おも》います。**

大野《おおの》　**私《わたし》もそう思《おも》います。**三《さん》の場面《ばめん》で、仲間《なかま》のために戦《たたか》って傷《きず》ついた残雪《ざんせつ》の姿《すがた》を見《み》て、「ただの鳥《とり》に対《たい》しているような気《き》がしませんでした。」とあることからも、大造《だいぞう》じいさんが、残雪《ざんせつ》を立派《りっぱ》だと思《おも》っていることがわかります。

小山《こやま》　**なるほど、確《たし》かにそうかもしれませんね。でも、ぼくの考《かんが》えは少《すこ》しちがいます。**（中略《ちゅうりゃく》）つまり、大造《だいぞう》じいさんは、残雪《ざんせつ》をライバルのように思《おも》っているのです。だからうたなかったんじゃないでしょうか。

大野《おおの》　え、ライバルだと思《おも》っていたら、よけいにうちとろうと思《おも》うんじゃないですか。

小山《こやま》　いいえ、ライバルだからこそ、残雪《ざんせつ》がすっかり元気《げんき》になってから、堂々《どうどう》と勝負《しょうぶ》をしたいと思《おも》ったんじゃないでしょうか。

木村《きむら》　なるほど。山本《やまもと》さん**は、どう思《おも》いますか。**

（後略《こうりゃく》）

注目《ちゅうもく》！　自分《じぶん》の立場《たちば》を明確《めいかく》にして考《かんが》えを述《の》べる

◎**前《まえ》の発言《はつげん》と同《おな》じ場合《ばあい》**

● **私《わたし》も**木村君《きむらくん》**と同《おな》じ意見《いけん》です。**三《さん》の場面《ばめん》で、……。

◎**前《まえ》の発言《はつげん》とちがう場合《ばあい》**

● **なるほど。でもぼくは、**木村君《きむらくん》**の意見《いけん》とはちがって、**大造《だいぞう》じいさんは、残雪《ざんせつ》をライバルのように考《かんが》えていたから、うたなかったんだ**と思《おも》います。**

● **ぼくは、**木村君《きむらくん》**とはちがう考《かんが》えです。ぼくは、**大造《だいぞう》じいさんは、残雪《ざんせつ》をライバルのように思《おも》っていたから、うたなかったんだ**と思《おも》うんです。**

他《ほか》の人《ひと》の発言《はつげん》を受《う》けて、自分《じぶん》の考《かんが》えが変《か》わったときには、こんな話《はな》し方《かた》ができるよ。

● ぼくは、小山君《こやまくん》の話《はなし》を聞《き》いて考《かんが》えが変《か》わりました。小山君《こやまくん》の言《い》うように、四《よん》の場面《ばめん》から考《かんが》えると、大造《だいぞう》じいさんが、残雪《ざんせつ》をライバルのように思《おも》っているのがわかりますね。

疑問《ぎもん》や意見《いけん》を述《の》べる

相手《あいて》の発言《はつげん》をしっかり聞《き》いて、わからないことやちがうと感《かん》じたことなどがあったら、積極的《せっきょくてき》に質問《しつもん》しよう。

他《ほか》の人《ひと》に意見《いけん》を求《もと》める

● 山本《やまもと》さん**は、どうですか。**

● 山本《やまもと》さん**は、**今《いま》までの話《はなし》を聞《き》いて、**どのように感《かん》じましたか。**

役割《やくわり》を決《き》める交渉《こうしょう》と説得《せっとく》

中野《なかの》 来週《らいしゅう》のゲストティーチャーさんの授業《じゅぎょう》のことなんだけど、初《はじ》めのあいさつと終《お》わりのあいさつの分担《ぶんたん》を、そろそろ決《き》めようよ。

田村《たむら》 うん、そうだね。終《お》わりのあいさつは、会《かい》をしめくくる大事《だいじ》な役割《やくわり》だから、クラス委員《いいん》長《ちょう》の中野《なかの》さんがしたほうがいいんじゃないかな。副委員長《ふくいいんちょう》のぼくは、初《はじ》めのあいさつをするよ。

中野《なかの》 しめくくりが大事《だいじ》なのは確《たし》かなんだけど、**できれば私《わたし》に、**初《はじ》めのあいさつをやらせて**てくれないかな。**終《お》わりのあいさつは、私《わたし》より田《た》村《むら》君《くん》のほうが適任《てきにん》だと思《おも》うんだ。

田村《たむら》 ええ。そんなことないよ。終《お》わりのあいさつは、授業《じゅぎょう》の内容《ないよう》について感想《かんそう》を言《い》うんでしょ。うまく言《い》えるか、自信《じしん》がないよ。

中野《なかの》 大丈夫《だいじょうぶ》だよ。今度《こんど》の授業《じゅぎょう》では、ゲストティーチャーさんから、この地方《ちほう》の歴史《れきし》についてのお話《はなし》を聞《き》くんだったよね。田村《たむら》君《くん》は歴史《れきし》が好《す》

注目《ちゅうもく》！ 交渉《こうしょう》する

説得《せっとく》につながる内容《ないよう》を述《の》べる

他《ほか》の話《はな》し方《かた》の例《れい》

● **できれば私《わたし》が**初《はじ》めのあいさつ**をしたいんだけど、だめかな。**

● **私《わたし》も**初《はじ》めのあいさつ**をしたいんだけど、**田村《たむら》君《くん》に、終《お》わりのあいさつ**をお願《ねが》いできないかな。**

希望《きぼう》や要望《ようぼう》を示《しめ》して、相手《あいて》と話《はな》し合《あ》うことを「交渉《こうしょう》」というよ。

相手《あいて》に引《ひ》き受《う》けてもらえるように、説得《せっとく》の材料《ざいりょう》となる内容《ないよう》を述《の》べよう。

上《うえ》の文章《ぶんしょう》では、相手《あいて》が「引《ひ》き受《う》けてもいいかな。」という気持《きも》ちになるように、自分《じぶん》より相手《あいて》が向《む》いていることを具体的《ぐたいてき》に話《はな》したり、うまくいくためのアドバイスをしたりしているね。

田村《たむら》　きだから、テーマが決《き》まったときからとても楽《たの》しみにしていたじゃない。

田村《たむら》　うん。授業《じゅぎょう》の内容《ないよう》にはとても興味《きょうみ》があるよ。ゲストティーチャーの小林《こばやし》さんは、この地方《ちほう》の歴史《れきし》について本《ほん》も書《か》いているから、どんな話《はなし》が聞《き》けるか、今《いま》から楽《たの》しみなんだ。

中野《なかの》　そうでしょう。だったら田村君《たむらくん》のほうが、私《わたし》よりもずっと中身《なかみ》のある感想《かんそう》が言《い》えると思《おも》うよ。「終《お》わりのあいさつ」とかた苦《くる》しく考《かんが》えずに、興味《きょうみ》を引《ひ》いたこととか、印象《いんしょう》に残《のこ》ったことなどを、小林《こばやし》さんへのお礼《れい》といっしょに言《い》えばいいんじゃないかな。

田村《たむら》　そうか。それならぼくにもできるかな。授業《じゅぎょう》の初《はじ》めできんちょうする初《はじ》めのあいさつよりも、話《はな》しやすいかもしれないね。

中野《なかの》　それじゃあ、今度《こんど》の授業《じゅぎょう》は、私《わたし》が初《はじ》めのあいさつをして、田村君《たむらくん》が終《お》わりのあいさつをするということでいいかな。

田村《たむら》　わかった。それでいいよ。

注目《ちゅうもく》！　説得《せっとく》する

●**それならやっぱり**、田村君《たむらくん》のほうが、私《わたし》よりもずっと中身《なかみ》のある感想《かんそう》が言《い》える**と思《おも》うよ**。

●**だったら**、田村君《たむらくん》が感想《かんそう》を言《い》ったほう**がいいよ**。興味《きょうみ》のある人《ひと》の感想《かんそう》のほうが、ずっと中身《なかみ》があって、小林《こばやし》さんもうれしい**と思《おも》うよ**。

●「終《お》わりのあいさつ」と、かた苦《くる》しく考《かんが》え**なくていいんじゃないかな**。印象《いんしょう》に残《のこ》ったことなどを、小林《こばやし》さんに、お礼《れい》といっしょに伝《つた》え**たらいいんだよ**。

「引《ひ》き受《う》けてもいいかな。」と思《おも》わせるには、次《つぎ》のように話《はな》すのも効果的《こうかてき》だよ。

◎はげます

●以前《いぜん》の、社会科見学《しゃかいかけんがく》のお礼《れい》のことばも上手《じょうず》だったから、今回《こんかい》も、田村君《たむらくん》ならうまくできるよ。

◎引《ひ》き受《う》けた場合《ばあい》の利点《りてん》をあげる

●終《お》わりのあいさつのほうが、小林《こばやし》さんにもなれて、みんなのきんちょうもとけているから、楽《らく》にできるんじゃないかな。

決《き》まったことを確認《かくにん》する

●**そうしたら**、今度《こんど》の授業《じゅぎょう》は、私《わたし》が初《はじ》めのあいさつをして、田村君《たむらくん》が終《お》わりのあいさつをするということ**に決《き》めてもいいかな**。

交流会《こうりゅうかい》の内容《ないよう》を決《き》める学級会《がっきゅうかい》

司会《しかい》　**これから、**今度《こんど》の「二年生《にねんせい》との交流会《こうりゅうかい》」**について話《はな》し合《あ》います。まず、**交流会《こうりゅうかい》でなにをして遊《あそ》ぶか**を話《はな》し合《あ》います。**意見《いけん》のある人《ひと》は、理由《りゆう》も合《あ》わせて言《い》ってください。

野口《のぐち》　はい。私《わたし》は、ドッジボール**がいいと思《おも》います。**ドッジボールなら、二年生《にねんせい》も知《し》っているし、みんなで楽《たの》しめる**からです。**

（中略《ちゅうりゃく》）

司会《しかい》　**ここまでをまとめると、**「ドッジボール」「おにごっこ」「宝探《たからさが》しゲーム」「大《おお》なわとび」**の四《よっ》つの意見《いけん》が出《で》ました。**他《ほか》にありませんか。

他《ほか》にないようなら、次《つぎ》に、これらの意見《いけん》について、質問《しつもん》のある人《ひと》は言《い》ってください。

石川《いしかわ》　はい。野口《のぐち》さん**に質問《しつもん》です。**ドッジボールは、二年生《にねんせい》対《たい》五年生《ごねんせい》で行《おこな》うのですか。

野口《のぐち》　**いいえ。**私《わたし》たちと二年生《にねんせい》とでは力《ちから》に差《さ》があ

注目《ちゅうもく》！ 議題《ぎだい》を提示《ていじ》する

● **学級会《がっきゅうかい》を始《はじ》めます。**今日《きょう》、**話《はな》し合《あ》うのは、**今度《こんど》の「二年生《にねんせい》との交流会《こうりゅうかい》」**についてです。**初《はじ》めに、なにをして遊《あそ》ぶかを決《き》めます。次《つぎ》に、当日《とうじつ》の係《かかり》を決《き》めます。

初《はじ》めの話題《わだい》を述《の》べる

● **初《はじ》めの話題《わだい》は、**交流会《こうりゅうかい》でなにをして遊《あそ》ぶか**です。**

● **まず初《はじ》めに、**交流会《こうりゅうかい》でなにをして遊《あそ》ぶか**を決《き》めます。**

意見《いけん》を述《の》べる

● ドッジボール**はどうでしょうか。**ドッジボールなら、二年生《にねんせい》も知《し》っているし、みんなで楽《たの》しめる**のでいいと思《おも》います。**

意見《いけん》を整理《せいり》する

● **これまでに、四《よっ》つの意見《いけん》が出《で》ています。**「ドッジボール」「おにごっこ」「宝探《たからさが》しゲーム」「大《おお》なわとび」です。

他《ほか》の話《はな》し方《かた》の例《れい》

学級会《がっきゅうかい》では、司会《しかい》の役割《やくわり》が大事《だいじ》だよ。まずは、なにについて話《はな》し合《あ》うのかをはっきり述《の》べよう。次《つぎ》のように、会《かい》の進行予定《しんこうよてい》を、初《はじ》めに伝《つた》えておくのもいいね。

話《はな》し合《あ》いが混乱《こんらん》しないように、ところどころで、出《だ》された意見《いけん》を整理《せいり》しよう。

りすぎるので、合同《ごうどう》チームをいくつか作《つく》って、対戦《たいせん》するのがいいと思《おも》います。

高田《たかだ》　チームはどうやって分《わ》けますか。じゃんけんですか。

大倉《おおくら》　じゃんけんより、くじ引《び》きのほうがいいと思《おも》います。

司会《しかい》　ちょっと待《ま》ってください。チーム分《わ》けのことは、ドッジボールをすると決《き》まってから話《はな》し合《あ》いましょう。

なにをして遊《あそ》ぶかについて、他《ほか》に質問《しつもん》はありませんか。

（中略《ちゅうりゃく》）

司会《しかい》　これまでの発言《はつげん》を聞《き》くと、ドッジボールがいいという意見《いけん》が多《おお》いのですが、ドッジボールについて反対意見《はんたいいけん》はありますか。

（中略《ちゅうりゃく》）

司会《しかい》　それでは、今度《こんど》の「二年生《にねんせい》との交流会《こうりゅうかい》」では、ドッジボールをすることにします。

（後略《こうりゃく》）

質問《しつもん》する

●野口《のぐち》さんに「質問《しつもん》します。ききたいことがあります。」

質問《しつもん》に答《こた》える

●いいえ、ちがいます。合同《ごうどう》チームをいくつか作《つく》って、対戦《たいせん》するのがいいと思《おも》います。なぜなら、私《わたし》たちと二《に》年生《ねんせい》とでは、力《ちから》に差《さ》がありすぎるからです。

話《はなし》の流《なが》れを修正《しゅうせい》する

●今《いま》は、なにをして遊《あそ》ぶかについて話《はな》しています。チーム分《わ》けのことは、ドッジボールをすると決《き》まってから話《はな》し合《あ》いましょう。

話《はなし》がそれてきたら、注意《ちゅうい》をあたえるなどして、もとの話題《わだい》にもどすよ。

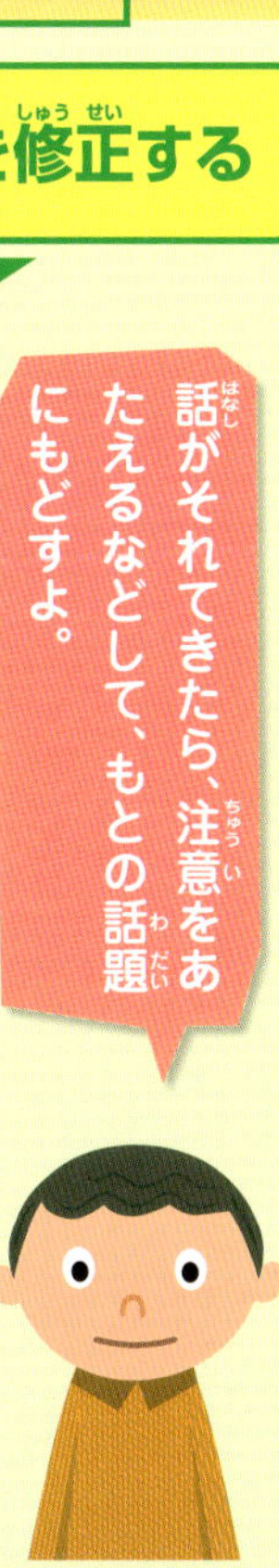

意見《いけん》を取《と》りまとめる

意見《いけん》が分《わ》かれたときは、次《つぎ》のように話《はな》そう。

●ドッジボールとおにごっこに意見《いけん》が分《わ》かれたようです。この二《ふた》つのどちらにするか、多数決《たすうけつ》で決《き》めたいと思《おも》います。

決定《けってい》を確認《かくにん》する

●話《はな》し合《あ》いの結果《けっか》、今度《こんど》の「二年生《にねんせい》との交流会《こうりゅうかい》」でする遊《あそ》びは、ドッジボールに決《き》まりました。

話《はな》す

「宿題《しゅくだい》」がテーマの討論会《とうろんかい》

（司会《しかい》）　（「宿題《しゅくだい》は友達《ともだち》といっしょにするほうがいい。」というテーマで、手順《てじゅん》にしたがって討論会《とうろんかい》を進行《しんこう》する。）

肯定《こうてい》グループ　宿題《しゅくだい》は友達《ともだち》といっしょにするほうがいい、という意見《いけん》**に賛成《さんせい》です**。理由《りゆう》は二《ふた》つあります。一《ひと》つ目《め》は、わからないことがあったときに、すぐに聞《き》くことができるからです。二《ふた》つ目《め》は……。（中略《ちゅうりゃく》）

否定《ひてい》グループ　私《わたし》たちは、宿題《しゅくだい》を友達《ともだち》といっしょにすること**に反対《はんたい》です**。友達《ともだち》といると、ついおしゃべりをしてしまって、……。（中略《ちゅうりゃく》）

（司会《しかい》）　（それぞれの主張《しゅちょう》に対《たい》して質疑応答《しつぎおうとう》をうながす。）

否定《ひてい》グループ　肯定《こうてい》グループは、「わからないことがあったときに、すぐに友達《ともだち》に聞《き》けるからいい。」**と言《い》いましたが**、まず、自分《じぶん》で考《かんが》えたり調《しら》べたりしたほうが、すぐに人《ひと》に聞《き》くよりも、勉強《べんきょう》になる**のではないでしょうか**。

肯定《こうてい》グループ　**確《たし》かにそういう考《かんが》え方《かた》もありますが**、自《じ》分《ぶん》で考《かんが》えるだけでなく、人《ひと》に教《おし》えることで、

初《はじ》めの主張《しゅちょう》と理由《りゆう》を述《の》べる

他《ほか》の話《はな》し方《かた》の例《れい》

◎肯定《こうてい》グループ

●宿題《しゅくだい》は、友達《ともだち》といっしょにするほうがいい、という意見《いけん》**を支持《しじ》します**。

◎否定《ひてい》グループ

●私《わたし》たちは、宿題《しゅくだい》を友達《ともだち》といっしょにするの**はよくないと考《かんが》えます**。

●私《わたし》たちは、宿題《しゅくだい》を友達《ともだち》といっしょにするほうがいいという意見《いけん》**に、同意《どうい》できません**。

肯定《こうてい》グループは、いくつかある理由《りゆう》を、「理由《りゆう》は二《ふた》つあります。」「一《ひと》つ目《め》は」「二《ふた》つ目《め》は」という話《はな》し方《かた》で、整理《せいり》して述《の》べているね。

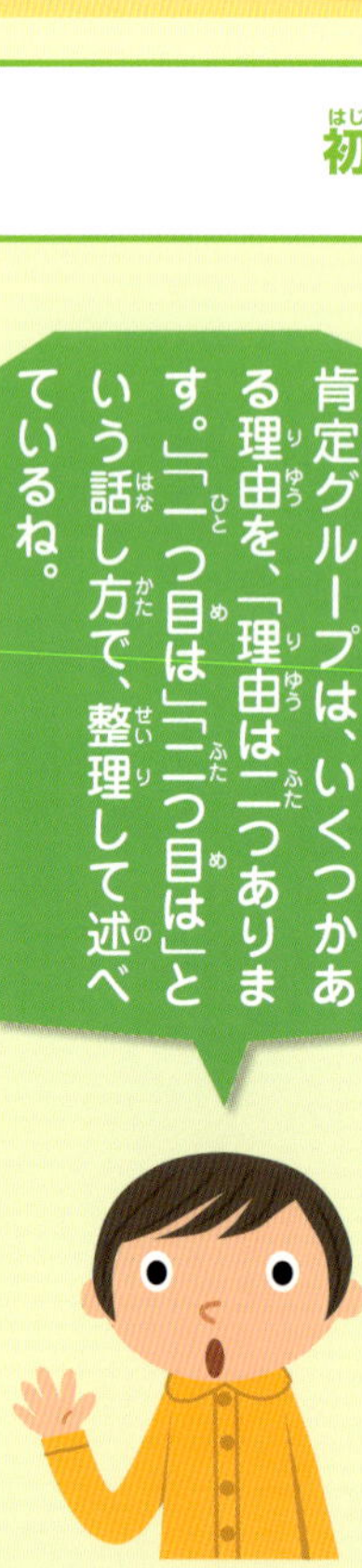

相手《あいて》の主張《しゅちょう》をふまえて、要点《ようてん》をしぼって質問《しつもん》しよう。

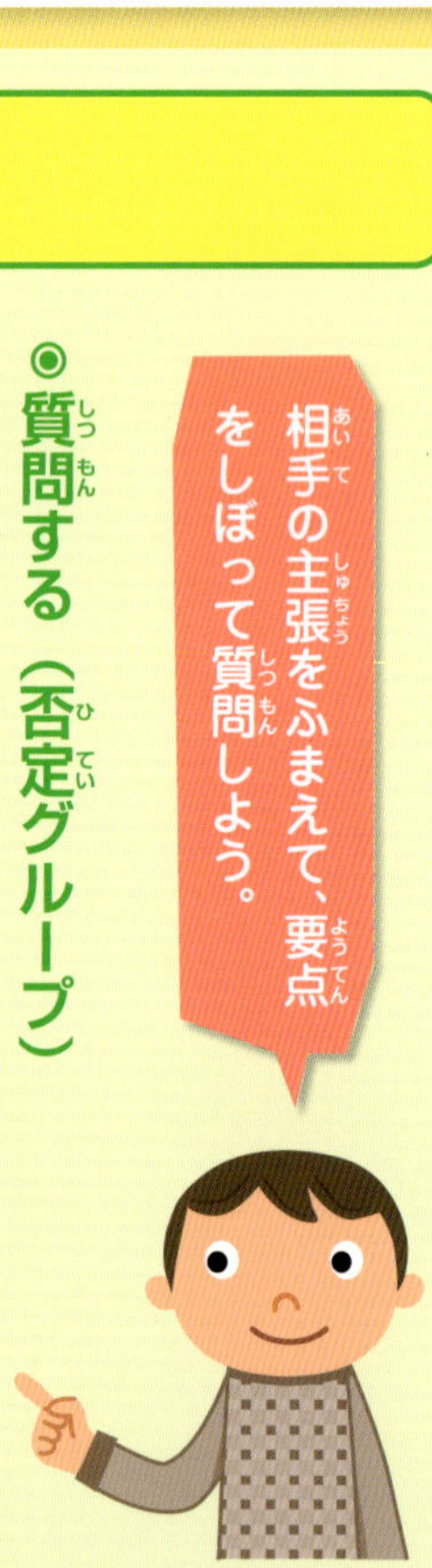

◎質問《しつもん》する（否定《ひてい》グループ）

●肯定《こうてい》グループの、「わからないことがあったときに、すぐに友達《ともだち》に聞《き》けるからいい。」**という意見《いけん》について質問《しつもん》します**。すぐに人《ひと》に聞《き》くよりも、まず、自分《じぶん》で考《かんが》えたり調《しら》べたりしたほうが、勉強《べんきょう》になる**と思《おも》うのですが、どうですか**。

自分《じぶん》もよりよく理解《りかい》することができます。また、私《わたし》には、友達《ともだち》とはげまし合《あ》うことでがんばれたという経験《けいけん》もあります。（中略《ちゅうりゃく》）

（司会《しかい》）

（それぞれに、最後《さいご》の主張《しゅちょう》をうながす。）

肯定《こうてい》グループ

やはり、宿題《しゅくだい》は友達《ともだち》といっしょにするほう**がいいと思《おも》います**。友達《ともだち》といっしょにすることで、おたがいに教《おし》え合《あ》ったり、はげまし合《あ》ったりできるからです。（中略《ちゅうりゃく》）

否定《ひてい》グループ

肯定《こうてい》グループの主張《しゅちょう》や質問《しつもん》に対《たい》する答《こた》え**を聞《き》きましたが**、宿題《しゅくだい》を友達《ともだち》といっしょにすることには次《つぎ》のような問題《もんだい》があると思《おも》います。まず……。（中略《ちゅうりゃく》）次《つぎ》に……。（中略《ちゅうりゃく》）

（司会《しかい》）

（討論《とうろん》を聞《き》くグループに判定《はんてい》をうながす。）

討論《とうろん》を聞《き》くグループ

宿題《しゅくだい》は友達《ともだち》とするほうがいいという肯定《こうてい》グループの主張《しゅちょう》**に、より説得力《せっとくりょく》があると感《かん》じました**。どちらのグループの主張《しゅちょう》ももっともだと思《おも》いましたが、肯定《こうてい》グループの主張《ちょう》では、友達《ともだち》とすることでおたがいにがんばれたという実際《じっさい》の体験《たいけん》が述《の》べられていたからです。（後略《こうりゃく》）

注目《ちゅうもく》！ 質疑応答《しつぎおうとう》をする

◎**質問《しつもん》に答《こた》える（肯定《こうてい》グループ）**

●否定《ひてい》グループ**の言《い》うこともわかりますが**、人《ひと》に教《おし》えることで、自分《じぶん》もよりよく理解《りかい》できるという利点《りてん》もあります。

質疑応答《しつぎおうとう》では、前《まえ》の発言《はつげん》に付《つ》け加《くわ》えたり、相手《あいて》の発言《はつげん》に反論《はんろん》したりする場合《ばあい》もあるよ。

◎**前《まえ》の発言《はつげん》に付《つ》け加《くわ》える**

●今《いま》の発言《はつげん》に付《つ》け加《くわ》えます。

◎**相手《あいて》の発言《はつげん》に反論《はんろん》する**

●……と言《い》いましたが、

「それはちがうと思《おも》います。

そんなことはありません。

本当《ほんとう》にそうなのでしょうか。」

最後《さいご》の主張《しゅちょう》を述《の》べる

ここまでの話《はな》し合《あ》いをふまえたうえで、改《あらた》めて自分《じぶん》たちの考《かんが》えを主張《しゅちょう》しよう。

判定《はんてい》を述《の》べる

最後《さいご》に、討論《とうろん》を聞《き》くグループが判定《はんてい》を述《の》べるよ。判定《はんてい》の理《り》由《ゆう》もしっかり示《しめ》そう。

●肯定《こうてい》グループの、宿題《しゅくだい》は友達《ともだち》とするほうがいいという主張《しゅちょう》**のほうが**、体験《たいけん》をもとに述《の》べていて、否定《ひてい》グループの主張《しゅちょう》**よりも説得力《せっとくりょく》があったと思《おも》います**。

★文《ぶん》と文《ぶん》とをつなぐことば

話《はな》し合《あ》いの場面《ばめん》で、自分《じぶん》の考《かんが》えを上手《じょうず》に相手《あいて》に伝《つた》えたり、話《はな》し合《あ》いをうまく進行《しんこう》したりするには、目的《もくてき》や内容《ないよう》に合《あ》った「つなぎことば」を使《つか》うと効果的《こうかてき》です。

また、話《はなし》を聞《き》くときは、つなぎことばに注意《ちゅうい》しながら聞《き》くと、次《つぎ》にどんな内容《ないよう》が続《つづ》くのか、予想《よそう》しながら聞《き》くことができます。

主《おも》なつなぎことばの種類《しゅるい》と役割《やくわり》を、使《つか》われる場面《ばめん》ごとに見《み》ていきましょう。

肯定《こうてい》グループの主張《しゅちょう》は、もっともだと思《おも》います。

↓**だから**、私《わたし》たちは、肯定《こうてい》グループを支持《しじ》します。

↓**でも**、私《わたし》たちは、肯定《こうてい》グループを支持《しじ》することはできません。

◎理由《りゆう》や原因《げんいん》、根拠《こんきょ》を述《の》べて言《い》うとき（順接《じゅんせつ》）

- 練習不足《れんしゅうぶそく》だった**ので**、失敗《しっぱい》したのだと思《おも》います。
- 私《わたし》は、大原《おおはら》さんの説明《せつめい》がいちばん説得力《せっとくりょく》があったと思《おも》います。**だから**、大原《おおはら》さんの意見《いけん》に賛成《さんせい》です。
- 他《ほか》に、準備《じゅんび》に時間《じかん》がかかるという問題《もんだい》もあります。**以上《いじょう》のことから**、私《わたし》は次《つぎ》のような提案《ていあん》をします。

前《まえ》に述《の》べたことが、あとに述《の》べることの理由《りゆう》や原因《げんいん》、根拠《こんきょ》になっているね。他《ほか》に「それで」「したがって」などがあるよ。

◎反対《はんたい》のことを言《い》うとき（逆接《ぎゃくせつ》）

- 林君《はやしくん》はそう言《い》う**けれども**、私《わたし》はそのようなことはないと思《おも》います。
- 否定《ひてい》グループの主張《しゅちょう》はよくわかりました。**しかし**、私《わたし》たちにはそうは思《おも》えません。

前《まえ》に述《の》べたことと反対《はんたい》のことがあとにくるよ。「でも」「ところが」などのことばも、同《おな》じようなはたらきをするよ。

◉二《ふた》つ以上《いじょう》のことを同《おな》じように並《なら》べたり、付《つ》け加《くわ》えたりして言《い》うとき（並列《へいれつ》・累加《るいか》）

●今日《きょう》は交流会《こうりゅうかい》の内容《ないよう》について話《はな》し合《あ》います。**また**、当日《とうじつ》の係《かかり》についても話《はな》し合《あ》います。

●戸田《とだ》さんには行動力《こうどうりょく》があります。**そのうえ**、みんなを引《ひ》っぱる力《ちから》もあります。

二《ふた》つ以上《いじょう》のことを並《なら》べたり、前《まえ》に述《の》べたことに付《つ》け加《くわ》えたりしているね。他《ほか》に「それから」「しかも」なども同《おな》じようなはたらきをするよ。

◉いくつかのことをくらべたり、一方《いっぽう》を選《えら》んだりして言《い》うとき（対比《たいひ》・選択《せんたく》）

●よく考《かんが》えて、賛成《さんせい》**または**反対《はんたい》の挙手《きょしゅ》をしてください。

●そろそろ、多数決《たすうけつ》をとってもいいですか。**それとも**、もう少《すこ》し考《かんが》えますか。

前《まえ》に述《の》べたこととくらべたり、どちらかを選《えら》んだりする言《い》い方《かた》だよ。「あるいは」「もしくは」なども同《おな》じだね。

◉補足《ほそく》をしたり、言《い》いかえたりするとき（説明《せつめい》・補《ほ》足《そく》）

●その意見《いけん》に賛成《さんせい》です。**ただし**、細《こま》かい点《てん》については、もっと話《はな》し合《あ》う必要《ひつよう》があると思《おも》います。

●ボールを使《つか》った遊《あそ》びがいいと思《おも》います。**例《たと》えば**、ドッジボールやポートボールなどです。

●坂下《さかした》さんの意見《いけん》は、**つまり**、西山《にしやま》さんの意見《いけん》に賛成《さんせい》だということですね。

前《まえ》に述《の》べたことについて説明《せつめい》を加《くわ》えているよ。例《れい》をあげたり、別《べつ》のことばでまとめ直《なお》したりしているね。他《ほか》に「要《よう》するに」などがあるよ。

◉話題《わだい》を変《か》えるとき（転換《てんかん》）

●ここまでは、みなさんいいですね。**では**、次《つぎ》の議題《ぎだい》にうつりたいと思《おも》います。

●**ところで**、先《さき》ほどの提案《ていあん》についてですが、……。

話題《わだい》を変《か》えるときに使《つか》うことばだよ。話《はな》し合《あ》いのとちゅうでちがう話題《わだい》にうつりたいときなどに使《つか》ってみよう。「さて」などもこの仲間《なかま》だよ。

ことばを選《えら》ぶ

話《はな》し合《あ》うときに気《き》をつけたい、判《はん》断《だん》・評《ひょう》価《か》を表《あらわ》すことば

ポイント！

●話《はな》し合《あ》いの中《なか》で、ある事《こと》がらについて自《じ》分《ぶん》の考《かんが》えを述《の》べるときは、自《じ》分《ぶん》がどのような判《はん》断《だん》や評《ひょう》価《か》をしているのかを、適《てき》切《せつ》に表《あらわ》しましょう。

役《やく》割《わり》を決《き》める交《こう》渉《しょう》と説《せっ》得《とく》（8・9ページ）の一《いち》部《ぶ》

しめくくりが大《だい》事《じ》なのは確《たし》かなんだけど、できれば私《わたし》に、初《はじ》めのあいさつをやらせてくれないかな。終《お》わりのあいさつは、私《わたし》より田《た》村《むら》君《くん》のほうが適《てき》任《にん》だと思《おも》うんだ。

「宿《しゅく》題《だい》」がテーマの討《とう》論《ろん》会《かい》（12・13ページ）の一《いち》部《ぶ》

……すぐに人《ひと》に聞《き》くよりも、まず、自《じ》分《ぶん》で考《かんが》えたり調《しら》べたりしたほうが、勉《べん》強《きょう》になるのではないでしょうか。

他《ほか》の話《はな》し方《かた》の例《れい》

●しめくくりが「重《じゅう》要《よう》な／大《たい》切《せつ》な」のは「明《あき》らかな／まちがいない／そのとおりな」んだけど、

「明《あき》らか」と言《い》うと、「そのことがはっきりしている。」という意《い》味《み》が強《つよ》く感《かん》じられるね。

●終《お》わりのあいさつは、私《わたし》より田《た》村《むら》君《くん》のほうが「向《む》いている／ふさわしい」と思《おも》うんだ。

「適《てき》任《にん》」は「向《む》いている」「ふさわしい」とくらべると、少《すこ》しかたい感《かん》じがするね。

●自《じ》分《ぶん》で考《かんが》えたり調《しら》べたりしたほうが、「ためになる／身《み》につく／力《ちから》がつく」のではないでしょうか。

判断《はんだん》・評価《ひょうか》を表《あらわ》すことば

★友達《ともだち》の意見《いけん》に対《たい》する判断《はんだん》を表《あらわ》すことば

- 賛成《さんせい》だ
- 支持《しじ》する
- いい
- 同《おな》じだ
- 反対《はんたい》だ
- ちがう
- 支持《しじ》しない
- よくない
- 異《こと》なる

★推薦《すいせん》された人物《じんぶつ》を評価《ひょうか》することば

- 優秀《ゆうしゅう》だ
- 有名《ゆうめい》だ
- 不可欠《ふかけつ》だ
- 個性的《こせいてき》だ
- 適任《てきにん》だ

★提案《ていあん》された遊《あそ》びを評価《ひょうか》することば

- おもしろい
- 簡単《かんたん》だ
- 安全《あんぜん》だ
- 人気《にんき》がある

★提案《ていあん》されたアイデア（先生《せんせい》に寄《よ》せ書《が》きをおくる）を評価《ひょうか》することば

- 喜《よろこ》ばれる
- 最適《さいてき》だ
- 手軽《てがる》だ
- 確実《かくじつ》だ
- まちがいない

この他《ほか》にも「判断《はんだん》・評価《ひょうか》を表《あらわ》すことば」はいろいろあるよ。18ページを見《み》てみよう。

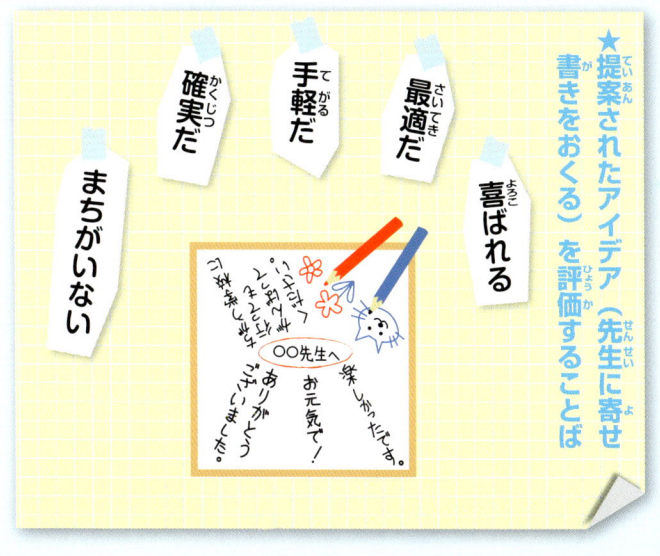

判断《はんだん》・評価《ひょうか》を表《あらわ》すことば

適切《てきせつ》だ—不適切《ふてきせつ》だ

- 適切《てきせつ》だ
- 適正《てきせい》だ
- 適《てき》する
- 最適《さいてき》だ
- 妥当《だとう》だ
- 順当《じゅんとう》だ
- 似《に》合《あ》う
- 見《み》合《あ》う
- ほどよい
- 相応《そうおう》だ
- もちろんだ
- 当《あ》たり前《まえ》だ
- ふさわしい
- ばっちりだ
- まちがいない
- 打《う》ってつけだ
- 言《い》うことなしだ
- 適当《てきとう》だ
- 合《あ》う
- かなう
- 適度《てきど》だ
- 穏当《おんとう》だ
- 無難《ぶなん》だ
- 似《に》合《あ》いだ
- つり合《あ》う
- ほどほどだ
- もっともだ
- 当然《とうぜん》だ
- 当《あ》てはまる
- ぴったりだ
- 他《ほか》にない
- 向《む》いている
- もってこいだ
- あつらえ向《む》きだ

- 不適切《ふてきせつ》だ
- 不適当《ふてきとう》だ
- 不似合《ふにあ》いだ
- 過分《かぶん》だ
- 不向《ふむ》きだ
- 不適《ふてき》だ
- 不当《ふとう》だ
- 不相応《ふそうおう》だ
- そぐわない
- もっての外《ほか》だ

優秀《ゆうしゅう》だ—おとる

- 優秀《ゆうしゅう》だ
- ひいでる
- 抜群《ばつぐん》だ
- 際立《きわだ》つ
- 傑出《けっしゅつ》する
- 引《ひ》けをとらない
- 二《ふた》つとない
- この上《うえ》ない
- くらべものにならない
- 右《みぎ》に出《で》るものがない
- 足《あし》もとへも寄《よ》りつけない
- 足《あし》もとにもおよばない
- 優《すぐ》れる
- しゅういつだ
- ぬきんでる
- 卓越《たくえつ》する
- 圧倒的《あっとうてき》だ
- かなわない
- 類《るい》を見《み》ない
- 比《ひ》ではない

- おとる
- 引《ひ》けをとる
- 貧弱《ひんじゃく》だ
- はしにも棒《ぼう》にもかからない
- 見《み》おとりする
- みすぼらしい
- 貧相《ひんそう》だ

「はしにも棒《ぼう》にもかからない」とは、「ひどすぎてどうにもならない」という意味《いみ》のことばだよ。

いい—悪《わる》い

- いい(よい)
- すごい
- 正《ただ》しい
- 望《のぞ》ましい
- 絶好《ぜっこう》だ
- 結構《けっこう》だ
- いちばんだ
- 最良《さいりょう》だ
- ベストだ
- 上々《じょうじょう》だ
- 良質《りょうしつ》だ
- 都合《つごう》がよい
- 具合《ぐあい》がよい
- よろしい
- すばらしい
- 好《この》ましい
- めぐまれる
- 格好《かっこう》だ
- 良好《りょうこう》だ
- 最高《さいこう》だ
- 最善《さいぜん》だ
- 優良《ゆうりょう》だ
- 上出来《じょうでき》だ
- 理想的《りそうてき》だ
- 好都合《こうつごう》だ

- 悪《わる》い
- いけない
- 不良《ふりょう》だ
- 最悪《さいあく》だ
- 劣悪《れつあく》だ
- 邪悪《じゃあく》だ
- よこしまだ
- 都合《つごう》が悪《わる》い
- 具合《ぐあい》が悪《わる》い
- だめだ
- よくない
- 不出来《ふでき》だ
- 粗悪《そあく》だ
- 凶悪《きょうあく》だ
- 悪質《あくしつ》だ
- たちが悪《わる》い
- 不都合《ふつごう》だ
- 目《め》に余《あま》る

特殊《とくしゅ》だ—ふつうだ

- 特殊《とくしゅ》だ
- 非凡《ひぼん》だ
- 特別《とくべつ》だ
- 格別《かくべつ》だ
- 独特《どくとく》だ
- 特異《とくい》だ
- ユニークだ
- 個性的《こせいてき》だ
- 独創的《どくそうてき》だ
- 画期的《かっきてき》だ
- めずらしい
- 物《もの》めずらしい
- 妙《みょう》だ
- 奇妙《きみょう》だ
- 奇抜《きばつ》だ
- 奇想天外《きそうてんがい》だ
- 突拍子《とっぴょうし》もない
- とっぴだ
- 驚異的《きょういてき》だ
- 型破《かたやぶ》りだ
- 異例《いれい》だ
- 不自然《ふしぜん》だ
- 風変《ふうが》わりだ
- まれだ
- たぐいまれだ
- 並外《なみはず》れる
- 人並《ひとな》み外《はず》れる
- けた外《はず》れだ
- けたちがいだ
- 段《だん》ちがいだ

- ふつうだ
- 平凡《へいぼん》だ
- 一般的《いっぱんてき》だ
- 平均的《へいきんてき》だ
- 月並《つきな》みだ
- 人並《ひとな》みだ
- 型《かた》どおりだ
- 画一的《かくいつてき》だ
- いつもどおりだ
- 例《れい》のとおりだ
- ありふれる
- ありきたりだ
- ざらだ
- 取《と》るに足《た》りない
- つまらない
- 無味乾燥《むみかんそう》だ
- 可《か》もなく不可《ふか》もない
- 毒《どく》にも薬《くすり》にもならない

上等《じょうとう》だ—下等《かとう》だ

- 上等《じょうとう》だ
- 上級《じょうきゅう》だ
- 高級《こうきゅう》だ
- 特級《とっきゅう》だ
- 上流《じょうりゅう》だ
- 一流《いちりゅう》だ
- トップレベルだ
- ハイレベルだ
- トップクラスだ
- ハイクラスだ

- 下等《かとう》だ
- 下級《かきゅう》だ
- 初級《しょきゅう》だ
- 低級《ていきゅう》だ
- 二流《にりゅう》だ
- 三流《さんりゅう》だ
- 低《てい》レベルだ

上手《じょうず》だ—下手《へた》だ

- 上手《じょうず》だ
- うまい
- たくみだ
- 巧妙《こうみょう》だ
- 絶妙《ぜつみょう》だ
- 手慣《てな》れている
- 熟練《じゅくれん》した
- 達者《たっしゃ》だ
- 器用《きよう》だ
- 如才《じょさい》ない
- ぬかり(が)ない
- ぬけ目《め》(が)ない
- ちゃっかりする

- 下手《へた》だ
- まずい
- ちせつだ
- つたない
- 不慣《ふな》れだ
- 未熟《みじゅく》だ
- たどたどしい
- ぎこちない
- 不器用《ぶきよう》だ
- 間《ま》がぬける

常識的《じょうしきてき》だ—非常識《ひじょうしき》だ

- 常識的《じょうしきてき》だ
- 論理的《ろんりてき》だ
- 合理的《ごうりてき》だ
- 理論的《りろんてき》だ
- 理《り》にかなう
- 道理《どうり》にかなう
- 筋道《すじみち》が立《た》つ

- 非常識《ひじょうしき》だ
- 常識外《じょうしきはず》れだ
- でたらめだ
- 不合理《ふごうり》だ
- 非合理《ひごうり》だ
- 無軌道《むきどう》だ
- 意味《いみ》が通《とお》らない
- 筋道《すじみち》が立《た》たない
- 理屈《りくつ》に合《あ》わない
- 支離滅裂《しりめつれつ》だ
- めちゃくちゃだ
- 言語道断《ごんごどうだん》だ
- とんでもない
- 論外《ろんがい》だ
- 問題外《もんだいがい》だ

公平《こうへい》だ—不公平《ふこうへい》だ

- 公平《こうへい》だ
- 平等《びょうどう》だ
- 公正《こうせい》だ
- フェアだ
- 公的《こうてき》だ
- 公共的《こうきょうてき》だ
- 公式《こうしき》だ

- 不公平《ふこうへい》だ
- 不平等《ふびょうどう》だ
- 不正《ふせい》だ
- かたよった
- 独占的《どくせんてき》だ
- 排他的《はいたてき》だ
- 独断的《どくだんてき》だ
- 勝手《かって》だ
- 私的《してき》だ
- 非公式《ひこうしき》だ

必要《ひつよう》だ—不要《ふよう》だ

- 必要《ひつよう》だ
- 主要《しゅよう》だ
- 肝要《かんよう》だ
- 肝心《かんじん》だ
- 重要《じゅうよう》だ
- 重大《じゅうだい》だ
- 必須《ひっす》だ
- 不可欠《ふかけつ》だ
- 大切《たいせつ》だ
- 大事《だいじ》だ

- 不要《ふよう》だ
- 不必要《ふひつよう》だ
- 無用《むよう》だ

有益《ゆうえき》だ—無益《むえき》だ

- 有益《ゆうえき》だ
- 有利《ゆうり》だ
- 有効《ゆうこう》だ
- 効果的《こうかてき》だ
- 能率的《のうりつてき》だ
- 効率的《こうりつてき》だ
- 便利《べんり》だ
- 役《やく》に立《た》つ
- ためになる
- 勉強《べんきょう》になる
- 有意義《ゆういぎ》だ
- 意義深《いぎぶか》い
- 意味《いみ》がある
- 得《とく》だ

- 無益《むえき》だ
- 不利《ふり》だ
- 無効《むこう》だ
- むだだ
- 不便《ふべん》だ
- 役《やく》に立《た》たない
- 不毛《ふもう》だ
- 焼《や》け石《いし》に水《みず》だ
- のれんにうでおしだ
- 無意味《むいみ》だ
- 意味《いみ》がない
- 損《そん》だ

同《おな》じだ—ちがう

- 同《おな》じだ
- おんなじだ
- 同一《どういつ》だ
- 同様《どうよう》だ
- 同等《どうとう》だ
- 同列《どうれつ》だ
- 同然《どうぜん》だ
- 等《ひと》しい
- 右《みぎ》に同《おな》じだ
- 賛成《さんせい》だ
- 賛同《さんどう》する
- 同調《どうちょう》する
- 共通《きょうつう》だ
- 近《ちか》い
- 対等《たいとう》だ
- 互角《ごかく》だ
- 相当《そうとう》だ
- 匹敵《ひってき》する
- 一致《いっち》する
- 似《に》ている
- 似通《にかよ》う
- 類似《るいじ》する
- 酷似《こくじ》する
- そっくりだ
- うり二《ふた》つだ
- まぎらわしい
- 似《に》たり寄《よ》ったりだ
- どんぐりの背《せい》くらべだ

- ちがう
- 異《こと》なる
- 異質《いしつ》だ
- 別《べつ》だ
- 別種《べっしゅ》だ
- 逆《ぎゃく》だ
- あべこべだ
- 反対《はんたい》だ
- 正反対《せいはんたい》だ
- 対照的《たいしょうてき》だ
- 裏腹《うらはら》だ
- ずれている
- 食《く》いちがう
- むじゅんする
- 相《あい》いれない
- 水《みず》と油《あぶら》だ
- 似《に》ても似《に》つかない
- 月《つき》とすっぽんだ

明《あき》らかだ—あやふやだ

- 明《あき》らかだ
- 明白《めいはく》だ
- 明確《めいかく》だ
- 明瞭《めいりょう》だ
- 明朗《めいろう》だ
- 明快《めいかい》だ
- 確《たし》かだ
- 確実《かくじつ》だ
- 正確《せいかく》だ
- 的確《てきかく》だ
- 決定的《けっていてき》だ
- 歴然《れきぜん》とする
- はっきりする
- 言《い》うまでもない

- あやふやだ
- あいまいだ
- 不明確《ふめいかく》だ
- 不明朗《ふめいろう》だ
- 不明瞭《ふめいりょう》だ
- 不確《ふたし》かだ
- 不確実《ふかくじつ》だ
- 不正確《ふせいかく》だ
- おぼろげだ
- おぼつかない
- うやむやだ
- 漠然《ばくぜん》とする
- つかみどころがない
- とらえどころがない

象徴的《しょうちょうてき》だ・主体的《しゅたいてき》だ・学問的《がくもんてき》だ

- 象徴的《しょうちょうてき》だ
- 観念的《かんねんてき》だ
- 具体的《ぐたいてき》だ
- 抽象的《ちゅうしょうてき》だ
- 主体的《しゅたいてき》だ
- 心理的《しんりてき》だ
- 主観的《しゅかんてき》だ
- 客観的《きゃっかんてき》だ
- 学問的《がくもんてき》だ
- 学術的《がくじゅつてき》だ
- 科学的《かがくてき》だ
- 哲学的《てつがくてき》だ
- 技術的《ぎじゅつてき》だ
- 批判的《ひはんてき》だ

完全《かんぜん》だ―不完全《ふかんぜん》だ

- 完全《かんぜん》だ
- 完璧《かんぺき》だ
- 完全無欠《かんぜんむけつ》だ
- パーフェクトだ
- 徹底《てってい》する
- 徹底的《てっていてき》だ
- じゅうぶんだ
- 結構《けっこう》だ
- すきがない
- 申《もう》し分《ぶん》(が)ない
- 非《ひ》の打《う》ちどころがない
- 三拍子《さんびょうし》そろう
- 至《いた》れりつくせりだ

- 不完全《ふかんぜん》だ
- 未完成《みかんせい》だ
- 不備《ふび》だ
- 不徹底《ふてってい》だ
- 不十分《ふじゅうぶん》だ
- 不《ぶ》格好《かっこう》だ
- お粗末《そまつ》だ

有名《ゆうめい》だ―無名《むめい》だ

- 有名《ゆうめい》だ
- 著名《ちょめい》だ
- 高名《こうめい》だ
- 名高《なだか》い
- 名《な》が通《とお》る
- 名《な》がある
- 世《よ》に知《し》られる
- 定評《ていひょう》がある
- 人気《にんき》がある
- 受《う》けがよい
- 顔《かお》が広《ひろ》い
- 評判《ひょうばん》がよい

- 無名《むめい》だ
- 知《し》られていない
- 人気《にんき》がない
- 受《う》けが悪《わる》い
- 評判《ひょうばん》が悪《わる》い

やさしい―難《むずか》しい

- やさしい
- たやすい
- 簡単《かんたん》だ
- 容易《ようい》だ
- 簡易《かんい》だ
- 簡便《かんべん》だ
- 安易《あんい》だ
- 平易《へいい》だ
- 安直《あんちょく》だ
- 楽《らく》だ
- 手軽《てがる》だ
- 朝飯前《あさめしまえ》だ
- 赤子《あかご》の手《て》をねじるようだ
- あまい
- 生《なま》やさしい

- 難《むずか》しい
- 小難《こむずか》しい
- 困難《こんなん》だ
- 難解《なんかい》だ
- やっかいだ
- 歯《は》が立《た》たない
- 手《て》が出《で》ない
- 手《て》も足《あし》も出《で》ない
- 手《て》の出《だ》しようがない
- 手《て》がつけられない
- 一筋縄《ひとすじなわ》ではいかない
- たち打《う》ちできない

意外《いがい》だ・思《おも》ってもみない

- 意外《いがい》だ
- 予想外《よそうがい》だ
- 思《おも》いがけない
- 思《おも》いもかけない
- 思《おも》いも寄《よ》らない
- 思《おも》ってもみない
- 予期《よき》しない
- 予想《よそう》をこえる
- 想定外《そうていがい》だ
- 夢《ゆめ》にも思《おも》わない
- 番《ばん》くるわせだ

表現《ひょうげん》のヒント

評価《ひょうか》を表《あらわ》すことばには,「非《ひ》」「不《ふ》」「無《む》」「未《み》」などの漢字《かんじ》が上《うえ》について,「～でない」「～がない」のように,否定《ひてい》する意味《いみ》を表《あらわ》すことばが多《おお》くあります。

●「非《ひ》」のつくことば

非凡《ひぼん》(平凡《へいぼん》でない)　非合理《ひごうり》(合理的《ごうりてき》でない)
非常識《ひじょうしき》(常識的《じょうしきてき》でない)　非公式《ひこうしき》(公式《こうしき》でない)　など

●「不《ふ》」のつくことば

不便《ふべん》(便利《べんり》でない)　不正確《ふせいかく》(正確《せいかく》でない)
不適切《ふてきせつ》(適切《てきせつ》でない)　不徹底《ふてってい》(徹底《てってい》していない)　など

●「無《む》」のつくことば

無名《むめい》(名《な》が知《し》られていない)　無益《むえき》(利益《りえき》にならない)
無用《むよう》(必要《ひつよう》がない)　無意味《むいみ》(意味《いみ》がない)　など

●「未《み》」のつくことば

未熟《みじゅく》(熟《じゅく》していない)　未定《みてい》(定《さだ》まっていない)
未解決《みかいけつ》(解決《かいけつ》していない)　未完成《みかんせい》(完成《かんせい》していない)　など

2 聞《き》くとき・たずねるときのことば

「聞《き》く」とは、ここでは、相手《あいて》の話《はなし》や言《い》うことに耳《みみ》をかたむけることです。「たずねる」とは、ここでは、自分《じぶん》の知《し》りたいことやわからないことを、相手《あいて》に質問《しつもん》することです。

型《かた》をおさえる

聞《き》くとき・たずねるときの書《か》き方《かた》・話《はな》し方《かた》

ポイント！

- 聞《き》くときは、重要《じゅうよう》なことばや新《あたら》しい内容《ないよう》に注意《ちゅうい》します。また、必要《ひつよう》に応《おう》じて、相《あい》づちを打《う》ったり確認《かくにん》や質問《しつもん》をしたりします。
- たずねるときは、目的《もくてき》や知《し》りたいことはなにかを、相手《あいて》にはっきり伝《つた》えます。

話《はな》す

資料館《しりょうかん》の案内係《あんないがかり》への質問《しつもん》

来館者《らいかんしゃ》

すみません。

社会科《しゃかいか》の調《しら》べ学習《がくしゅう》で、昔《むかし》の道具《どうぐ》について調《しら》べているのですが、どこに展示《てんじ》してありますか。

声《こえ》をかける

述《の》べてたずねる

他《ほか》の話《はな》し方《かた》の例《れい》

- ちょっとおききしたいのですが。

最初《さいしょ》に、ひと言《こと》、声《こえ》をかけてから、本題《ほんだい》に入《はい》ろう。

- 社会科《しゃかいか》の調《しら》べ学習《がくしゅう》で、昔《むかし》の道具《どうぐ》について調《しら》べに来《き》ました。展示《てんじ》してある場所《ばしょ》を教《おし》えてもらえますか。

教《おし》えてほしいことだけでなく、なんのために教《おし》えてほしいのか、目的《もくてき》も相手《あいて》に伝《つた》えよう。

案内係《あんないがかり》　昔《むかし》の道具《どうぐ》ですね。時代《じだい》ごとに展示《てんじ》してありますが、いつごろのものをお探《さが》しですか。

来館者《らいかんしゃ》　明治《めいじ》時代《じだい》から昭和《しょうわ》時代《じだい》の初《はじ》めごろに、日《にち》常生活《じょうせいかつ》で使《つか》っていたものを探《さが》しています。

案内係《あんないがかり》　それでしたら、二階《にかい》の第三展示室《だいさんてんじしつ》にあります。こちらの階段《かいだん》を上《あ》がり、通路《つうろ》を右手《みぎて》に進《すす》んでください。つき当《あ》たりの部屋《へや》が第《だい》三展示室《さんてんじしつ》です。

来館者《らいかんしゃ》　二階《にかい》の通路《つうろ》を右《みぎ》に行《い》って、つき当《あ》たりにある第三展示室《だいさんてんじしつ》**ですね**。わかりました。
それから、実際《じっさい》に昔《むかし》の道具《どうぐ》を使《つか》う「昔《むかし》の生活体験《せいかつたいけん》」ができる**と聞《き》いたのですが**、今日《きょう》もなにか体験《たいけん》できるの**ですか**。

案内係《あんないがかり》　はい、できますよ。今日《きょう》は、洗《せん》たく板《いた》という道具《どうぐ》を使《つか》った、洗《せん》たくの体験《たいけん》です。

来館者《らいかんしゃ》　参加《さんか》するには、どうしたらいいですか。

案内係《あんないがかり》　一階《いっかい》のホールにある体験《たいけん》コーナーで、係《かかり》員《いん》に声《こえ》をかけてください。午後《ごご》四時《よじ》までなら、いつでも体験《たいけん》できます。

来館者《らいかんしゃ》　**わかりました。ありがとうございました。**

注目《ちゅうもく》! 目的《もくてき》を

目的《もくてき》をくわしく言《い》うことで、より適切《てきせつ》な情報《じょうほう》をもらえる場合《ばあい》もあるよ。上《うえ》の例《れい》の場合《ばあい》は、次《つぎ》のようにたずねてもいいね。

- 社会科《しゃかいか》の調《しら》べ学習《がくしゅう》で、昔《むかし》の道具《どうぐ》を探《さが》しています。明治《めいじ》時代《じだい》から昭和《しょうわ》時代《じだい》の初《はじ》めごろに、日常生活《にちじょうせいかつ》で使《つか》われていたものが見《み》たい**のですが、どこに**ある**でしょうか**。

得《え》た情報《じょうほう》を確認《かくにん》する

相手《あいて》から聞《き》いたことをくり返《かえ》して、自分《じぶん》が正《ただ》しく聞《き》き取《と》れたか確認《かくにん》しよう。

- 二階《にかい》の通路《つうろ》を右《みぎ》に行《い》ったつき当《あ》たりの部屋《へや》が、その第《だい》三展示室《さんてんじしつ》**なのですね**。

知《し》っている情報《じょうほう》をもとにたずねる

- それから、実際《じっさい》に昔《むかし》の道具《どうぐ》を使《つか》う「昔《むかし》の生活体験《せいかつたいけん》」ができる**そうですが**、今日《きょう》、体験《たいけん》できるものもあるの**でしょうか**。

お礼《れい》を述《の》べる

- **そうですか。ありがとうございました。**

お店《みせ》の人《ひと》へのインタビュー

大田《おおた》　小山小学校《こやましょうがっこう》、五年二組《ごねんにくみ》の大田未来《おおたみく》です。本日《ほんじつ》は、お時間《じかん》をいただきありがとうございます。よろしくお願《ねが》いします。

原田《はらだ》　フラワーショップ原田《はらだ》、店長《てんちょう》の原田《はらだ》かおりです。よろしくお願《ねが》いします。

大田《おおた》　それでは、生花店《せいかてん》のお仕事《しごと》についてうかがいます。まず初《はじ》めに、一日《いちにち》のお仕事《しごと》の流《なが》れを教《おし》えてください。

原田《はらだ》　はい。まず、花《はな》の仕入《しい》れのある日《ひ》は、朝《あさ》五時《ごじ》に車《くるま》で市場《いちば》に向《む》かいます。必要《ひつよう》な花《はな》を仕入《しい》れたら店《みせ》に運《はこ》び、その後《ご》……。（中略《ちゅうりゃく》）その他《ほか》、注文《ちゅうもん》があれば配達《はいたつ》にも出《で》かけます。

大田《おおた》　お店《みせ》で直接《ちょくせつ》はんばいするだけでなく、配《はい》達《たつ》もなさるのですね。配達《はいたつ》の件数《けんすう》は、一日《いちにち》にどのくらいありますか。

原田《はらだ》　時期《じき》にもよりますが、……。（中略《ちゅうりゃく》）

大田《おおた》　では最後《さいご》に、このお仕事《しごと》をしてこられてよかったと感《かん》じるのはどんなときか、教《おし》え

他《ほか》の話《はな》し方《かた》の例《れい》

あいさつと自己紹介《じこしょうかい》をする

初《はじ》めに、インタビューのために時間《じかん》をとってくれたことへの感謝《かんしゃ》の気持《きも》ちを示《しめ》すといいね。

●こんにちは。小山小学校《こやましょうがっこう》、五年二組《ごねんにくみ》の大田未来《おおたみく》といいます。今日《きょう》は、おいそがしいところ、ありがとうございます。

質問《しつもん》する

●まず初《はじ》めに、一日《いちにち》のお仕事《しごと》の流《なが》れは、どのようになっているのでしょうか。

●一日《いちにち》の中《なか》で、どんなお仕事《しごと》をなさるのですか。

重《かさ》ねて質問《しつもん》をする

用意《ようい》してきた質問《しつもん》でなくても、相手《あいて》の答《こた》えを聞《き》いて、さらに知《し》りたいと思《おも》ったことがあれば、重《かさ》ねて質問《しつもん》しよう。

●お店《みせ》で直接《ちょくせつ》はんばいするだけでなく、配達《はいたつ》もなさるということですが、配達《はいたつ》の件数《けんすう》は、一日《いちにち》にどのくらいあるのか教《おし》えていただけますか。

●お店《みせ》で直接《ちょくせつ》はんばいするだけでなく、配達《はいたつ》もなさるとは知《し》りませんでした。配達《はいたつ》の件数《けんすう》は、一日《いちにち》にどのくらいあるのでしょうか。

原田《はらだ》　てください。
　よかったと思《おも》うのは、やはり、お客様《きゃくさま》に喜《よろこ》んでもらえたときです。そのためには、お客様《きゃくさま》との会話《かいわ》が大切《たいせつ》だと考《かんが》えています。

大田《おおた》　**それは、**お客様《きゃくさま》の希望《きぼう》をきちんと聞《き》く**ということですか。**

原田《はらだ》　そうです。会話《かいわ》を通《つう》じて、お客様《きゃくさま》の好《この》みや希望《きぼう》をしっかりつかむことで、満足《まんぞく》してもらえる花束《はなたば》やアレンジメントができあがります。お客様《きゃくさま》の喜《よろこ》ぶ顔《かお》や満足《まんぞく》そうなえがおを見《み》ると、本当《ほんとう》にうれしくなりますね。

大田《おおた》　**なるほど。**お話《はなし》をうかがって、生花店《せいかてん》のお仕事《しごと》がとても大変《たいへん》なこと**がわかりました。**それと同時《どうじ》に、お客様《きゃくさま》のえがおに出会《であ》えるすてきなお仕事《しごと》であることもよくわかりました。
　うかがったお話《はなし》は、きちんとまとめて授《じゅ》業《ぎょう》で発表《はっぴょう》します。
　本日《ほんじつ》は、おいそがしいところ、インタビューにお答《こた》えいただき、ありがとうございました。

注目《ちゅうもく》！ 発言《はつげん》を受《う》けて，

●話《はなし》は変《か》わりますが、お仕事《しごと》で苦労《くろう》なさっていることはなんですか。

用意《ようい》してきた質問《しつもん》に話題《わだい》をもどしたい場合《ばあい》は、相手《あいて》の話《はなし》を最後《さいご》まで聞《き》いて感想《かんそう》などを述《の》べたあとで、「ところで」や「話《はなし》は変《か》わりますが」などと言《い》って、話題《わだい》をもどすといいよ。

注目《ちゅうもく》！ 自分《じぶん》の理解《りかい》が正《ただ》しいか確認《かくにん》する

●**つまり、**お客様《きゃくさま》の希望《きぼう》をきちんと聞《き》く**という意味《いみ》でしょうか。**

●お客様《きゃくさま》の希望《きぼう》をきちんと聞《き》くことが大切《たいせつ》**なのですね。**

相手《あいて》の言《い》うことがよくわからないときは、自分《じぶん》なりの理解《りかい》を述《の》べて、正《ただ》しいかどうかを確認《かくにん》しよう。

インタビューのまとめを述《の》べる

●**そうですか。今日《きょう》はいろいろとお話《はなし》をうかがいました**が、生花店《せいかてん》のお仕事《しごと》は、とても大変《たいへん》**なのだと感《かん》じました。**

お礼《れい》を述《の》べる

●**今日《きょう》は、おいそがしいところ、ありがとうございました。生花店《せいかてん》のお仕事《しごと》が、とてもよくわかりました。**

（→敬語《けいご》　32ページ）

書《か》く　問《と》い合《あ》わせのメール

知《し》らない相手《あいて》に送《おく》る場合《ばあい》は，敬《けい》語《ご》に気《き》をつけて，ていねいなことばづかいで書《か》こう。敬語《けいご》の使《つか》い方《かた》は，32ページを見《み》よう。

あて先《さき》：　****@***.city.jp

CC《シーシー》：

件名《けんめい》：　市営《しえい》バスにおけるバリアフリー*1に関《かん》する質問《しつもん》（三原山小学校《みはらやましょうがっこう》）

三原山《みはらやま》市《し》交通局《こうつうきょく》　担当《たんとう》の方《かた》

初《はじ》めてメールをお送《おく》りします。私《わたし》は，三原山小学校《みはらやましょうがっこう》5年《ねん》1組《くみ》の山下修平《やましたしゅうへい》です。

私《わたし》たちは，学校《がっこう》でバリアフリーのことを勉強《べんきょう》しています。その中《なか》でも，私《わたし》は，バスや電車《でんしゃ》などの公共交通機関《こうきょうこうつうきかん》のバリアフリーについて興味《きょうみ》をもちました。そこで，私《わたし》たちの住《す》む三原山《みはらやま》市《し》の市営《しえい》バスでは，どのような取《と》り組《く》みをしているのかをくわしく知《し》りたいと思《おも》いました。

つきましては，おいそがしいところ，たいへん申《もう》し訳《わけ》ありませんが，次《つぎ》の点《てん》について教《おし》えていただけないでしょうか。

1．三原山《みはらやま》市営《しえい》バスでバリアフリーへの対応《たいおう》が始《はじ》まったのは，いつごろですか。
2．三原山《みはらやま》市営《しえい》バスには，何台《なんだい》のバスがありますか。
　そのうち，バリアフリーに対応《たいおう》したバスは何台《なんだい》ですか。
3．バスをバリアフリーに対応《たいおう》したものにする以外《いがい》で，バリアフリーのために行《おこな》っているサービスや工夫《くふう》があれば教《おし》えてください。

お手数《てすう》ですが，2週間後《しゅうかんご》の7月《がつ》19日《にち》までにご回答《かいとう》をいただけないでしょうか。お返事《へんじ》は，メールかファクシミリでいただければと思《おも》います。

それでは，どうぞよろしくお願《ねが》いいたします。

山下修平《やましたしゅうへい》

三原山小学校《みはらやましょうがっこう》　電話《でんわ》　***－***－****
　ファクシミリ　***－***－****
　メールアドレス　***@****.**.jp

メールは，文章《ぶんしょう》のまとまりごとに1行《ぎょう》空《あ》けるようにすると，読《よ》みやすくなるよ。

＊1　バリアフリー……体《からだ》の不自由《ふじゆう》な人《ひと》やお年寄《としよ》りの生活《せいかつ》にじゃまになるものを取《と》り除《のぞ》くこと。

他《ほか》の書《か》き方《かた》の例《れい》

注《ちゅう》目《もく》!

あて先《さき》・CC《シー シー》・件名《けん めい》を入力《にゅう りょく》する

本文《ほん もん》を入力《にゅうりょく》するところの上《うえ》に，相手《あい て》のメールアドレスや件名《けん めい》を入力《にゅうりょく》するところがあるよ。
件名《けん めい》には，メールの用件《よう けん》をできるだけわかりやすく書《か》こう。

あて先《さき》……メールを送《おく》りたい相手《あい て》のメールアドレスを入力《にゅうりょく》する。

CC《シーシー》……あて先《さき》の人《ひと》の他《ほか》に，同《おな》じメールを送《おく》りたい人《ひと》がいる場合《ば あい》は，その人《ひと》のメールアドレスを入力《にゅうりょく》する。

件名《けん めい》……メールの用件《よう けん》を入力《にゅうりょく》する。

相手《あい て》の名前《な まえ》

本文《ほん もん》のいちばん上《うえ》に，相手《あい て》の名前《な まえ》を記《しる》すよ。
名前《な まえ》がわからないときは，右《みぎ》のように「○○○○　担当《たん とう》の方《かた》」などと記《しる》そう。

あいさつと自分《じ ぶん》の所属《しょ ぞく》と名前《な まえ》を述《の》べる

●初《はじ》めまして。
私《わたし》は，三原山小学校《み はら やましょうがっ こう》5年《ねん》1組《くみ》の山下修平《やま したしゅうへい》といいます。

メールを送《おく》ったいきさつを述《の》べる

●そして，私《わたし》たちの住《す》む三原山市《み はら やま し》の市営《し えい》バスでの取《と》り組《く》みについて，くわしく知《し》りたいと思《おも》い，メールをお送《おく》りしました。

質問《しつ もん》をする

●とつぜんのお願《ねが》いですみませんが，次《つぎ》の質問《しつ もん》にお答《こた》えいただけないでしょうか。

いくつも質問《しつ もん》があるときは，番号《ばん ごう》を付《つ》けて，かじょう書《が》きにするとわかりやすいね。

回答《かい とう》の期限《き げん》，方法《ほう ほう》を述《の》べる

●お手数《て すう》をおかけしますが，2週間後《しゅう かん ご》の7月《がつ》19日《にち》までに，メールまたはファクシミリでお返事《へん じ》をいただけますよう，よろしくお願《ねが》いいたします。

期日《き じつ》がせまっているときは，「急《きゅう》なお願《ねが》いで申《もう》し訳《わけ》ありませんが」と，ひと言《こと》そえるといいね。

自分《じ ぶん》の名前《な まえ》と連絡先《れん らく さき》を記《しる》す

最後《さい ご》に必《かなら》ず，自分《じ ぶん》の名前《な まえ》と，メールアドレスや電話番号《でん わ ばん ごう》などの連絡先《れん らく さき》を記《しる》そう。

書《か》く アンケート調査《ちょうさ》

平成《へいせい》○年《ねん》9月《がつ》10日《か》
富士見小学校図書委員会《ふじみしょうがっこうとしょいいんかい》

学校図書館《がっこうとしょかん》の利用《りよう》と読書《どくしょ》についてのアンケート

図書委員会《としょいいんかい》では，よりよい学校図書館《がっこうとしょかん》にするために，みなさんの学校図書館《がっこうとしょかん》の利《り》用《よう》じょうきょうや興味《きょうみ》をもっている本《ほん》について，調《しら》べたいと思《おも》っています。

下《した》の質問《しつもん》を読《よ》んで，当《あ》てはまるものの番号《ばんごう》に○を付《つ》けてください。また，(　)には答《こた》えを記入《きにゅう》してください。このアンケート用紙《ようし》は，図書委員《としょいいん》が9月《がつ》13日《にち》の朝《あさ》の会《かい》で回収《かいしゅう》します。結果《けっか》は来月《らいげつ》の全校朝会《ぜんこうちょうかい》で発表《はっぴょう》します。ご協力《きょうりょく》，よろしくお願《ねが》いします。

質問《しつもん》1　あなたのことについて教《おし》えてください。

学年《がくねん》　(　　)年《ねん》　　性別《せいべつ》　1. 男《おとこ》　2. 女《おんな》

質問《しつもん》2　あなたは，学校図書館《がっこうとしょかん》をどのくらい利用《りよう》しますか。

1. ほぼ毎日《まいにち》　　2. 週《しゅう》に2，3回《かい》　　3. 週《しゅう》に1回《かい》
4. 月《つき》に1，2回《かい》　　5. ほとんど利用《りよう》しない

質問《しつもん》3　あなたは，どんなときに学校図書館《がっこうとしょかん》に行《い》きますか。当《あ》てはまるもの全部《ぜんぶ》に○を付《つ》けてください。5を選《えら》んだ人《ひと》は，(　)に具体的《ぐたいてき》に書《か》いてください。

1. 本《ほん》を読《よ》みたいとき　　2. 調《しら》べたいことがあるとき
3. 友達《ともだち》にさそわれたとき　　4. 勉強《べんきょう》したいとき
5. その他《た》（　　　　　　　　　　　　）

質問《しつもん》4　あなたは，読書《どくしょ》が好《す》きですか，きらいですか。

1. とても好《す》き　　2. 好《す》き
3. あまり好《す》きではない　　4. きらい

質問《しつもん》5　あなたがふだんよく読《よ》むのはどんな本《ほん》ですか。当《あ》てはまるもの全部《ぜんぶ》に○を付《つ》けてください。10を選《えら》んだ人《ひと》は，(　)に具体的《ぐたいてき》に書《か》いてください。

1. 物語《ものがたり》・小説《しょうせつ》　　2. 伝記《でんき》　　3. 歴史《れきし》や社会《しゃかい》の本《ほん》
4. 地理《ちり》や旅行《りょこう》の本《ほん》　　5. 動物《どうぶつ》や植物《しょくぶつ》の本《ほん》　　6. 科学《かがく》や知識《ちしき》の本《ほん》
7. タレントやスポーツ選手《せんしゅ》の本《ほん》　　8. 手芸《しゅげい》など，趣味《しゅみ》の本《ほん》
9. パソコン関係《かんけい》の本《ほん》　　10. その他《た》（　　　　　　　　　　　　）

質問《しつもん》6　学校図書館《がっこうとしょかん》について，意見《いけん》や要望《ようぼう》があれば，自由《じゆう》に書《か》いてください。

（　　　　　　　　　　　　　　　　　　　　）

ご協力《きょうりょく》ありがとうございました。

他《ほか》の書《か》き方《かた》の例《れい》

アンケートの目的《もくてき》を述《の》べる

●図書委員会《としょいいんかい》では，みなさんの学校図書館《がっこうとしょかん》の利用《りよう》じょうきょうや興味《きょうみ》をもっている本《ほん》について調《しら》べて，よりよい学校図書館《がっこうとしょかん》づくりに役立《やくだ》てたいと考《かんが》えています。

回答方法《かいとうほうほう》，回答期限《かいとうきげん》などを述《の》べ，協力《きょうりょく》を求《もと》める

●下《した》の質問《しつもん》を読《よ》んで，当《あ》てはまるものの番号《ばんごう》に○を，(　)には答《こた》えを書《か》いてください。結果《けっか》は来月《らいげつ》の全校朝会《ぜんこうちょうかい》で発表《はっぴょう》します。このアンケート用紙《ようし》は，図書委員《としょいいん》が9月《がつ》13日《にち》の朝《あさ》の会《かい》で集《あつ》めるので，それまでに記入《きにゅう》するよう，ご協力《きょうりょく》をお願《ねが》いします。

注目《ちゅうもく》!

質問《しつもん》と適切《てきせつ》な選択肢《せんたくし》を示《しめ》す

質問《しつもん》に応《おう》じて，答《こた》えを選択肢《せんたくし》から選《えら》んでもらうか，自由《じゆう》に書《か》いてもらうかを決《き》めよう。
特定《とくてい》の答《こた》えを選《えら》んだ人《ひと》にだけ，さらに質問《しつもん》することもできるよ。その場合《ばあい》は，次《つぎ》のように書《か》こう。

●質問《しつもん》2　あなたは，学校図書館《がっこうとしょかん》をどのくらい利用《りよう》しますか。
5を選《えら》んだ人《ひと》は，その理由《りゆう》も書《か》いてください。

選択肢《せんたくし》からいくつ選《えら》んでもいいときは，そのことを示《しめ》しておくよ。

●質問《しつもん》3　あなたは，どんなときに学校図書館《がっこうとしょかん》に行《い》きますか。
［がいとうするもの全《すべ》てに○を付《つ》けてください。
当《あ》てはまるものに○を付《つ》けてください（複数回答可《ふくすうかいとうか》）。］

選《えら》ぶ選択肢《せんたくし》の数《かず》を示《しめ》すときは，次《つぎ》のように書《か》くといいね。

●質問《しつもん》5　あなたがもっともよく読《よ》む本《ほん》は，どんな分野《ぶんや》のものですか。
当《あ》てはまるもの1つに○を付《つ》けてください。

考《かんが》えを自由《じゆう》に書《か》いてもらうときは，どんなことを書《か》けばいいのかがわかりやすいように，例《れい》を示《しめ》しておくのもいいね。

●質問《しつもん》6　学校図書館《がっこうとしょかん》について，意見《いけん》や要望《ようぼう》があれば，自由《じゆう》に書《か》いてください。
例《れい》：1回《かい》に借《か》りられる本《ほん》の数《かず》をもっと増《ふ》やしてほしい。

協力《きょうりょく》へのお礼《れい》を述《の》べる

最後《さいご》に，答《こた》えてくれたことに対《たい》するお礼《れい》を書《か》こう。
アンケート用紙《ようし》は，調査《ちょうさ》が終《お》わったらきちんと処分《しょぶん》するよ。名前《なまえ》や住所《じゅうしょ》などの個人情報《こじんじょうほう》が書《か》かれている場合《ばあい》は，他《ほか》の目的《もくてき》に利用《りよう》されないように，特《とく》に取《と》りあつかいに注意《ちゅうい》しよう。

★話《はな》すときのことばと書《か》くときのことば

ことばを使《つか》ってなにかを伝《つた》えるときには、話《はな》して伝《つた》える方《ほう》法《ほう》と、書《か》いて伝《つた》える方《ほう》法《ほう》があります。

話《はな》すときのことばと書《か》くときのことばには、それぞれどのような特《とく》徴《ちょう》があるでしょうか。また、相《あい》手《て》にうまく伝《つた》えるために、それぞれどのような工《く》夫《ふう》をしているのでしょうか。

新《しん》聞《ぶん》係《がかり》の次《つぎ》の編《へん》集《しゅう》会《かい》議《ぎ》は、来《らい》週《しゅう》の月《げつ》曜《よう》日《び》の放《ほう》課《か》後《ご》です。今《こん》度《ど》の新《しん》聞《ぶん》にのせる記《き》事《じ》について話《はな》し合《あ》うので、みなさん、どんなテーマがいいか、案《あん》を考《かん》えてきてください。ええと、案《あん》は一《ひ》人《とり》二《ふた》つ以《い》上《じょう》出《だ》してください。

新《しん》聞《ぶん》係《がかり》

次《じ》回《かい》の編《へん》集《しゅう》会《かい》議《ぎ》について

日《にち》時《じ》　二《に》月《がつ》五《いつ》日《か》（月《げつ》）放《ほう》課《か》後《ご》

議《ぎ》題《だい》　第《だい》六《ろく》号《ごう》の内《ない》容《よう》について

※各《かく》自《じ》、記《き》事《じ》のテーマの案《あん》を考《かん》えてくること。（二《ふた》つ以《い》上《じょう》）

話《はな》しことばの特《とく》徴《ちょう》

話《はな》すときのことばを「話《はな》しことば」といいます。

話《はな》しことばには、声《こえ》の調《ちょう》子《し》で疑《ぎ》問《もん》を表《あらわ》したり、「ええと」と言《い》って間《ま》を取《と》ったりするなど、話《はな》しことばにしかみられない特《とく》徴《ちょう》があります。

また、話《はな》すときには聞《き》く人《ひと》が目《め》の前《まえ》にいることが多《おお》いことから、他《ほか》にも次《つぎ》のような特《とく》徴《ちょう》があります。

◎その場《ば》にあるものやその場《ば》の様《よう》子《す》を、「こそあどことば」で表《あらわ》す

●ねえ、**あれ**取《と》って。

●**そこ**に集《あつ》まってください。

◎ことばを省《しょう》略《りゃく》する

●あ、来《き》た。（↑あ、バスが来《き》た。）

●もう食《た》べました。（↑私《わたし》はもうご飯《はん》を食《た》べました。）

◎「よね」「ね」など確《かく》認《にん》することばを使《つか》う

●明《あ》日《す》の体《たい》育《いく》は、サッカーだった**よね**。

●もうすぐ夏《なつ》休《やす》みです**ね**。

「でしょ」なども、話《はな》しことばでよく使《つか》われる特《とく》徴《ちょう》的《てき》なことばだよ。

書《か》きことばの特徴《とくちょう》

書《か》くときのことばを「書《か》きことば」といいます。書《か》きことばには、書《か》いたあとで読《よ》み返《かえ》して直《なお》すことができるという、話《はな》しことばにはない大《おお》きな特徴《とくちょう》があります。

書《か》きことばは、読《よ》む人《ひと》が目《め》の前《まえ》にいないことが多《おお》く、だれがいつ読《よ》むかわかりません。また、話《はな》しことばとちがって、相手《あいて》に声《こえ》の調子《ちょうし》や表情《ひょうじょう》が伝《つた》わらないので、正《ただ》しく意図《いと》が伝《つた》わらず、誤《あやま》って受《う》け取《と》られる場合《ばあい》があります。だれに対《たい》してもわかりやすく正確《せいかく》に書《か》けているか、誤解《ごかい》されるような表現《ひょうげん》がないか、書《か》き終《お》えたらきちんと読《よ》み返《かえ》して確認《かくにん》しましょう。

◉「こそあどことば」などを使《つか》わずに、「いつ・どこで・だれが・なにを」などが、具体的《ぐたいてき》に示《しめ》される

●運動会《うんどうかい》は、六月七日《ろくがつなのか》に行《おこな》われた。

●駅前《えきまえ》のバス停《てい》に集合《しゅうごう》すること。

◉話《はな》しことばより、簡潔《かんけつ》に情報《じょうほう》を伝《つた》えることができる

●足《あし》もと注意《ちゅうい》

●大掃除《おおそうじ》の持《も》ち物《もの》　ぞうきん（一人《ひとり》二《に》枚《まい》）

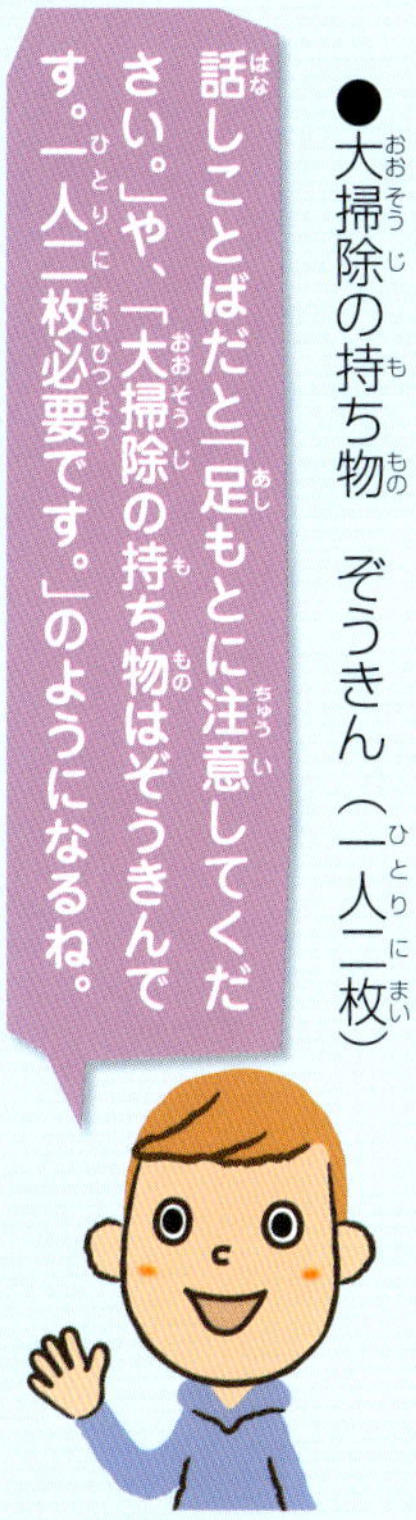
話《はな》しことばだと「足《あし》もとに注意《ちゅうい》してください。」や、「大掃除《おおそうじ》の持《も》ち物《もの》はぞうきんです。一人《ひとり》二枚《にまい》必要《ひつよう》です。」のようになるね。

伝《つた》え方《かた》の工夫《くふう》

相手《あいて》に正《ただ》しくわかりやすく伝《つた》えるために、それぞれ次《つぎ》のような工夫《くふう》をしています。

【話《はな》しことばの場合《ばあい》】

◉初《はじ》めに全体《ぜんたい》の概要《がいよう》を述《の》べてから、具体的《ぐたいてき》に話《はな》す

●お仕事《しごと》について三《みっ》つおたずねします。一《ひと》つ目《め》は……。

●注意《ちゅうい》してほしいのは、次《つぎ》の四点《よんてん》です。まず、……。

◉耳《みみ》で聞《き》いて同《おな》じ音《おん》のことばは、読《よ》み方《かた》を変《か》えて伝《つた》える

●シリツ
- 市立《しりつ》→イチリツ
- 私立《しりつ》→ワタクシリツ

●カガク
- 科学《かがく》→サイエンス（英語《えいご》で「科学《かがく》」のこと）
- 化学《かがく》→バケガク

【書《か》きことばの場合《ばあい》】

◉かじょう書《が》きにしたり、かっこや記号《きごう》を使《つか》ったりする

●持《も》ち物《もの》
・昼食《ちゅうしょく》　・飲《の》み物《もの》
・タオル　・帽子《ぼうし》

●参加者《さんかしゃ》　六十八名《ろくじゅうはちめい》（男子《だんし》　三十六名《さんじゅうろくめい》・女子《じょし》　三十二名《さんじゅうにめい》）

●臨時休業《りんじきゅうぎょう》　十日《とおか》（木《もく》）～十三日《じゅうさんにち》（日《にち》）

★敬語《けいご》

年《ねん》れいや立場《たちば》が上《うえ》の人《ひと》に話《はなし》を聞《き》いたり、知《し》らない人《ひと》になにかをたずねたりするときには、相手《あいて》を敬《うやま》っていねいなことばづかいをします。この、話《はな》す相手《あいて》や話題《わだい》の中《なか》に出《で》てくる人《ひと》などに対《たい》して使《つか》う、敬《うやま》う気持《きも》ちを表《あらわ》すためのことばを「敬《けい》語《ご》」といいます。

敬語《けいご》の種類《しゅるい》と形《かたち》、使《つか》い方《かた》を確認《かくにん》しましょう。

ていねい語《ご》

あまり親《した》しくない人《ひと》や大勢《おおぜい》の人《ひと》に対《たい》して、話《はな》したり書《か》いたりするときに使《つか》うていねいなことばがていねい語《ご》です。

「です」「ます」「(で)ございます」などがあります。

- 私《わたし》は、五年三組《ごねんさんくみ》の山口《やまぐち》しおり**です**。
- 今日《きょう》は、どうもありがとう**ございます**。

「水《みず》」を「お水《みず》」、「料理《りょうり》」を「お料《りょう》理《り》」のようにいう言《い》い方《かた》を「美《び》化《か》語《ご》」というよ。美化語《びかご》は、物事《ものごと》を美《うつく》しく上品《じょうひん》にいうことばで、だれかを敬《うやま》う気持《きも》ちを表《あらわ》しているわけではないんだ。

尊敬語《そんけいご》

話《はな》す相手《あいて》や話題《わだい》になっている人《ひと》を敬《うやま》う気持《きも》ちを表《あらわ》すことばが尊敬語《そんけいご》です。

形《かたち》のうえから、次《つぎ》のような種類《しゅるい》に分《わ》けられます。

◎**特別《とくべつ》なことばを使《つか》った言《い》い方《かた》をする**

- 校長先生《こうちょうせんせい》があいさつを**なさる**。(する)
- 店長《てんちょう》さんは**いらっしゃい**ますか。(いる(か))

◎**「お(ご)―になる(なさる・くださる)」という言《い》い方《かた》をする**

- 校長先生《こうちょうせんせい》が、学校生活《がっこうせいかつ》について**お話《はな》しになる**。
- お店《みせ》の方《かた》が、インタビューに**お答《こた》えくださる**。

◎**「―れる(られる)」という言《い》い方《かた》をする**

- 校長先生《こうちょうせんせい》が、教室《きょうしつ》に**来《こ》られる**。
- お店《みせ》の方《かた》が、お仕事《しごと》について**説明《せつめい》される**。

けんじょう語《ご》

自分《じぶん》や身内《みうち》の者《もの》の動作《どうさ》をけんそんして言《い》うことで、その動作《どうさ》を受《う》ける相手《あいて》を敬《うやま》う気持《きも》ちを表《あらわ》すことばがけんじょう語《ご》です。

形《かたち》のうえから、次《つぎ》のような種類《しゅるい》に分《わ》けられます。

◎特別《とくべつ》なことばを使《つか》った言《い》い方《かた》をする

- 和田《わだ》小学校《しょうがっこう》六年《ろくねん》一組《いちくみ》の小川《おがわ》幸太《こうた》と**申《もう》し**ます。（いう）
- まず、一日《いちにち》のお仕事《しごと》について**うかがい**ます。（きく）

◎「お（ご）―する（いたす・申《もう》しあげる）」という言《い》い方《かた》をする

- 初《はじ》めてメールを**お送《おく》りし**ます。
- 展示場所《てんじばしょ》を**おたずねいたし**ます。
- 今度《こんど》の学習発表会《がくしゅうはっぴょうかい》について、町内会《ちょうないかい》のみな様《さま》に**ご案内申《あんないもう》しあげ**ます。

特別《とくべつ》なことばを使《つか》う敬語《けいご》の例《れい》

もとのことば	尊敬語《そんけいご》	けんじょう語《ご》
会《あ》う		お目《め》にかかる
あたえる		差《さ》しあげる
言《い》う　話《はな》す	おっしゃる	申《もう》す　申《もう》しあげる
行《い》く　来《く》る	いらっしゃる　おいでになる	まいる　うかがう
いる	いらっしゃる　おいでになる	おる
きく		うかがう　うけたまわる
着《き》る	おめしになる	
くれる	くださる　たまわる	
知《し》る　思《おも》う		存《ぞん》じる
する	なさる	いたす
食《た》べる　飲《の》む	めしあがる	いただく
見《み》る	ご覧《らん》になる	拝見《はいけん》する
もらう		いただく　たまわる　ちょうだいする

ことばを選《えら》ぶ

聞《き》くとき・たずねるときに気《き》をつけたい，程度《ていど》・頻度《ひんど》を表《あらわ》すことば

ポイント！

●なにを知《し》りたいのかを相手《あいて》に的確《てきかく》に伝《つた》えるには，程度《ていど》や頻度《ひんど》を表《あらわ》すことばを使《つか》って，回答《かいとう》の選択肢《せんたくし》を示《しめ》しておくと効果的《こうかてき》です。

アンケート用紙《ようし》（28ページ）の一部《いちぶ》

質問《しつもん》2　あなたは，学校図書館《がっこうとしょかん》をどのくらい利用《りよう》しますか。

1. **ほぼ**毎日《まいにち》　　2. 週《しゅう》に2，3回《かい》　　3. 週《しゅう》に1回《かい》
4. 月《つき》に1，2回《かい》　　5. **ほとんど**利用《りよう》しない

（中略《ちゅうりゃく》）

質問《しつもん》4　あなたは，読書《どくしょ》が好《す》きですか，きらいですか。

1. **とても**好《す》き　　2. 好《す》き
3. **あまり**好《す》きではない　　4. きらい

程度《ていど》・頻度《ひんど》を表《あらわ》すことば

他《ほか》の書《か》き方《かた》の例《れい》

●質問《しつもん》2　あなたは，学校図書館《がっこうとしょかん》をどのくらい利用《りよう》しますか。

1．［だいたい／おおむね］毎日《まいにち》　2．週《しゅう》に2，3回《かい》　3．週《しゅう》に1回《かい》

4．月《つき》に1，2回《かい》　5．めったに利用《りよう》しない

頻度《ひんど》を表《あらわ》すには，「時々《ときどき》」「しょっちゅう」のように頻度《ひんど》を表《あらわ》すことばを使《つか》うこともできるし，「週《しゅう》に1回《かい》」「月《つき》に1回《かい》」のように，数字《すうじ》をあげて具体的《ぐたいてき》に表《あらわ》すこともできるね。

●質問《しつもん》4　あなたは，読書《どくしょ》が好《す》きですか，きらいですか。

1．［非常《ひじょう》に／かなり］好《す》き　2．好《す》き

3．それほど好《す》きではない　4．きらい

「ほとんど」「めったに」「あまり」「それほど」は，後《うし》ろに「ない」がついて，程度《ていど》や頻度《ひんど》が少《すく》ないことを表《あらわ》すことばだよ。

「ろくに」「さほど」「大《たい》して」なども，アンケートではあまり使《つか》われないけれど，同《おな》じようなはたらきをすることばで，日常生活《にちじょうせいかつ》の中《なか》でよく使《つか》われているよ。

この他《ほか》にも「程度《ていど》・頻度《ひんど》を表《あらわ》すことば」はいろいろあるよ。36ページを見《み》てみよう。

★程度《ていど》を表《あらわ》すことば
たいへん
かなり
とても
けっこう
まあまあ
やや

程度《ていど》・頻度《ひんど》を表《あらわ》すことば

とても・非常《ひじょう》に

- とても
- とっても
- すごく
- うんと
- たいへん
- めちゃくちゃ
- 非常《ひじょう》に
- 随分《ずいぶん》
- ひどく
- めっぽう
- いやに
- やけに
- たまらなく
- どうしても
- 無性《むしょう》に
- むやみに
- むやみやたらに
- めったやたらに
- こよなく
- この上《うえ》なく
- 最《もっと》も
- 最高《さいこう》に
- いちばん
- 一等《いっとう》
- ごく
- ごくごく
- 至《いた》って
- きわめて
- すこぶる
- 極端《きょくたん》に
- 極度《きょくど》に
- 断然《だんぜん》
- いちじるしく
- ひときわ
- はなはだ
- はなはだしく
- 激《はげ》しく
- すさまじく
- すばらしく
- おそろしく
- とてつもなく
- 途方《とほう》もなく
- 底《そこ》ぬけに
- とびきり
- 法外《ほうがい》に
- もうれつに

- いやと言《い》うほど
- 目《め》を回《まわ》すほど
- 計《はか》り知《し》れないほど
- 筆舌《ひつぜつ》につくしがたいほど
- くらべ物《もの》にならないほど

ちょうど—だいたい

- ちょうど
- ジャスト
- かっきり
- ちょっきり
- きっかり
- きちきち
- ぴったり
- ちゃんと

- だいたい
- ほぼ
- 約《やく》
- ～くらい（ぐらい）
- ～ほど
- ～程度《ていど》
- およそ
- おおよそ
- 大概《たいがい》
- 概《がい》して
- 一概《いちがい》に
- たいてい
- おおむね
- ほとんど
- だいぶ
- おおかた
- 大《おお》まかに
- ざっと
- あらかた
- あらあら
- たぶん
- 九分《くぶ》どおり
- 九分九厘《くぶくりん》
- 十中八九《じっちゅうはっく》

じゅうぶんに・できるだけ

- じゅうぶんに
- 十二分《じゅうにぶん》に
- 存分《ぞんぶん》に
- 思《おも》う存分《ぞんぶん》
- 思《おも》い切《き》り
- 心行《こころゆ》くまで
- 徹底《てってい》して
- 徹底的《てっていてき》に
- 満足《まんぞく》するまで
- 完璧《かんぺき》に
- 完全《かんぜん》に
- きちんと
- しっかり
- じっくり
- とことん
- つくづく
- よくよく
- ろくに
- ろくろく
- ろくすっぽ
- できるだけ
- できるかぎり
- なるべく
- 極力《きょくりょく》
- 力《ちから》のかぎり
- 力一杯《ちからいっぱい》
- 目一杯《めいっぱい》
- 精一杯《せいいっぱい》

さらに・もっと

- さらに
- なおさら
- なお
- なおかつ
- ますます
- いよいよ
- もっと
- より
- 一段《いちだん》と
- いっそう
- いやが上《うえ》にも
- 余計《よけい》に

たくさん―少《すこ》し

- たくさん
- いっぱい
- 多《おお》く
- 多《おお》めに
- 豊《ゆた》かに
- 大量《たいりょう》に
- 膨大《ぼうだい》に
- かぎりなく
- 無限大《むげんだい》に
- 果《は》てしなく
- 数《かぞ》え切《き》れないほど
- たっぷり
- どっさり
- 多量《たりょう》に
- 多分《たぶん》に
- 豊富《ほうふ》に
- 大《おお》はばに
- 無数《むすう》に
- 無限《むげん》に
- 無尽蔵《むじんぞう》に
- 山《やま》ほど

- 少《すこ》し
- もう少《すこ》し
- 少《すく》なめに
- ちょっと
- ほんの
- 単《たん》に
- かすかに
- ほんのり
- いくらも
- それほど
- さして
- 大《たい》して
- せいぜい
- たかだか
- 少々《しょうしょう》
- 今少《いますこ》し
- ひかえめに
- たった
- ただ
- わずかに
- ささやかに
- ほのかに
- そう
- さほど
- さしたる
- せめて
- たかが
- 少《すく》なくとも

かなり・割《わり》に

- かなり
- よっぽど
- 結構《けっこう》
- まあまあ
- ほどよく
- まずまず
- 適度《てきど》に
- 割《わり》に
- 比較的《ひかくてき》
- 意外《いがい》に
- 思《おも》いの外《ほか》
- いくらか
- 多少《たしょう》
- よほど
- 相当《そうとう》
- なかなか
- まあ
- ほどほどに
- そこそこ
- 適当《てきとう》に
- 割合《わりあい》に
- 案外《あんがい》
- 予想外《よそうがい》に
- いくぶん
- やや

全《まった》く・ちっとも

- 全《まった》く
- まるで
- 一《ひと》つも
- 毛頭《もうとう》
- さっぱり
- 全然《ぜんぜん》
- まるきり
- さらさら
- ちっとも

「全《まった》く・ちっとも」の仲間《なかま》のことばは、どれも後《うし》ろに「〜ない」が続《つづ》いて強《つよ》い否定《ひてい》を表《あらわ》すよ。

よく―たまに

- よく
- たびたび
- しょっちゅう
- さかんに
- しきりに
- 何度《なんど》も
- また
- またまた
- もう一度《いちど》
- 再《ふたた》び
- 再三《さいさん》
- 重《かさ》ねて
- 重々《じゅうじゅう》
- ひんぱんに
- しばしば
- ちょくちょく
- やたらに
- 散々《さんざん》
- 幾度《いくど》も
- またもや
- くり返《かえ》し
- 改《あらた》めて
- 再度《さいど》
- 再三再四《さいさんさいし》
- 重《かさ》ね重《がさ》ね

- たまに
- 時《とき》に
- 時折《ときおり》
- めったに
- 時々《ときどき》
- 時《とき》たま
- まれに

次《つぎ》にまとめた「よく―たまに」の仲間《なかま》のことばは、物事《ものごと》の頻度《ひんど》を表《あらわ》すよ。

3 手紙《てがみ》を書《か》くときのことば

「手紙《てがみ》」は、紙面《しめん》を通《とお》して、特定《とくてい》の相手《あいて》に用件《ようけん》や気持《きも》ちを伝《つた》える、コミュニケーションの手段《しゅだん》の一《ひと》つです。

型《かた》をおさえる 手紙《てがみ》の書《か》き方《かた》

ポイント！

- 相手《あいて》や目的《もくてき》に応《おう》じて、手紙《てがみ》の形式《けいしき》を選《えら》びます。
- 手紙《てがみ》を書《か》く目的《もくてき》が、わかるように書《か》きます。
- 相手《あいて》や目的《もくてき》に応《おう》じて、適切《てきせつ》なことば（敬語《けいご》など）を使《つか》います。

書《か》く お願《ねが》いの手紙《てがみ》

初《はじ》めてお手紙《てがみ》を差《さ》しあげます。私《わたし》は、小山小学校《こやましょうがっこう》五年二組《ごねんにくみ》の大田未来《おおたみく》といいます。

このたびは、お願《ねが》いがあってこの手紙《てがみ》を書《か》きました。

初《はじ》めのあいさつ

手紙《てがみ》の目的《もくてき》を述《の》べる

他《ほか》の書《か》き方《かた》の例《れい》

初《はじ》めて手紙《てがみ》を出《だ》す相手《あいて》には、初《はじ》めてであることが伝《つた》わるようなあいさつをしよう。

- こんにちは。初《はじ》めてお便《たよ》りします。私《わたし》は、小山小学校《こやましょうがっこう》五年二組《ごねんにくみ》の大田未来《おおたみく》です。
- とつぜんのお手紙《てがみ》で失礼《しつれい》いたします。私《わたし》は、小山小学《こやましょうがっ》校《こう》五年二組《ごねんにくみ》の大田未来《おおたみく》と申《もう》します。

お願《ねが》いの手紙《てがみ》だということを、初《はじ》めに述《の》べているね。

- 今回《こんかい》は、社会科《しゃかいか》の調《しら》べ学習《がくしゅう》にご協力《きょうりょく》をお願《ねが》いいたしたく、お手紙《てがみ》を書《か》きました。

3 手紙《てがみ》を書《か》くときのことば

今度《こんど》、社会科《しゃかいか》の授業《じゅぎょう》で、町内《ちょうない》のお店《みせ》の仕事《しごと》について調《しら》べることになり、私《わたし》たちの班《はん》では、生花店《せいかてん》の仕《し》事《ごと》について調《しら》べることにしました。

そこで、実際《じっさい》にお店《みせ》にうかがって、お店《みせ》の方《かた》にイ**ンタビューをさせていただきたいと考《かんが》えているのですが、お願《ねが》いできますでしょうか。**

お店《みせ》にうかがうのは、五人《ごにん》の予定《よてい》です。毎日《まいにち》のお仕事《しごと》の様子《ようす》や、お客《きゃく》さんに喜《よろこ》んでもらうための工夫《くふう》などについてお聞《き》きしたいと思《おも》っています。

インタビューをさせていただけるようでしたら、**ご都合《つごう》のいい日時《にちじ》を教《おし》えてください。**この手紙《てがみ》が届《とど》くころに、一度《いちど》電話《でんわ》でごれんらくします。

どうかよろしくお願《ねが》いします。

平成《へいせい》〇年《ねん》六月《ろくがつ》二十二日《にじゅうににち》

小山小学校《こやましょうがっこう》　五年《ごねん》二組《にくみ》

大田未来《おおたみく》

フラワーショップ原田《はらだ》**御中《おんちゅう》**

注目《ちゅうもく》！ 具体的《ぐたいてき》な内容《ないよう》を示《しめ》して，お願《ねが》いを述《の》べる

初《はじ》めにいきさつを述《の》べてから、お願《ねが》いを述《の》べているね。

- **つきましては、**実際《じっさい》にお店《みせ》にうかがって、お店《みせ》の方《かた》にインタビュー**をさせていただきたいと考《かんが》えています。お願《ねが》いできますでしょうか。**

当日《とうじつ》お店《みせ》に行《い》く人数《にんずう》や、聞《き》きたいことの大《おお》まかな内容《ないよう》を、手紙《てがみ》で伝《つた》えておこう。

- **そこで、お願《ねが》いなのですが、**お店《みせ》の方《かた》へのインタビュー**に、ご協力《きょうりょく》いただけないでしょうか。**

相手《あいて》の都合《つごう》をたずねる

- インタビューをさせていただくとしたら、**いつごろがご都合《つごう》がよろしいでしょうか。**
- インタビューをさせていただけるようでしたら、**ご都《つ》合《ごう》をお聞《き》かせください。**

結《むす》びのあいさつ

よりていねいに書《か》きたいときは、次《つぎ》のように書《か》こう。

- **おいそがしいところ申《もう》し訳《わけ》ありませんが、どうかよろしくお願《ねが》いいたします。**

後付《あとづ》け

後付《あとづ》けには、上《うえ》のような形《かたち》で、日付《ひづけ》と自分《じぶん》の名前《なまえ》、相手《あいて》の名前《なまえ》を書《か》くよ。相手《あいて》がお店《みせ》や会社《かいしゃ》などのときは、「様《さま》」ではなく「御中《おんちゅう》」と書《か》くよ。

書《か》く

お礼《れい》の手紙《てがみ》

暑《あつ》くなってきましたが、お元気《げんき》ですか。先日《せんじつ》インタビューにうかがった、小山《こやま》小学校《しょうがっこう》五年《ごねん》二組《にくみ》の大田《おおた》未来《みく》です。

その節《せつ》は、おいそがしい中《なか》、私《わたし》たちのためにインタビューの時間《じかん》をとっていただき、ありがとうございました。

お話《はなし》をうかがう前《まえ》は、生花店《せいかてん》のお仕事《しごと》は、花《はな》に囲《かこ》まれた楽《たの》しいお仕事《しごと》なのだろうと想像《そうぞう》していました。しかし実際《じっさい》は、楽《たの》しいだけでなく、花《はな》の仕入《しい》れや管理《かんり》など、ご苦労《くろう》が多《おお》いということが、インタビューを通《つう》じて初《はじ》めてわかりました。また、インタビューの中《なか》で特《とく》に印象《いんしょう》に残《のこ》ったのは、「大変《たいへん》だけれど、お客様《きゃくさま》のえがおを見《み》られるのでうれしい。」という原田《はらだ》さんのことばです。それを聞《き》いて、生花店《せいかてん》のお仕事《しごと》は、大変《たいへん》だけどとてもやりがいのある、すばらしいお仕事《しごと》なのだな、と感《かん》じました。

生花店《せいかてん》のお仕事《しごと》について調《しら》べたことは、資料《しりょう》にまとめて、先日《せんじつ》の授業《じゅぎょう》で発表《はっぴょう》しました。原田《はらだ》さんがて

初《はじ》めのあいさつ

他《ほか》の書《か》き方《かた》の例《れい》

初《はじ》めのあいさつでは、季節《きせつ》のことばを使《つか》ったあいさつや、相手《あいて》の近況《きょう》をたずねることばを書《か》こう。

- つゆ明《あ》けが待《ま》ち遠《どお》しいころとなりました。原田《はら》さんはいかがお過《す》ごしですか。

（→季節《きせつ》のあいさつ　61ページ）

注目《ちゅうもく》！お礼《れい》を述《の》べる

なんのお礼《れい》なのかが相手《あいて》にわかるように書《か》こう。

- その節《せつ》は、おいそがしい中《なか》、インタビューにお答《こた》えくださり、ありがとうございました。
- その節《せつ》は、おいそがしい中《なか》、私《わたし》たちのインタビューにお答《こた》えくださいましたこと、心《こころ》よりお礼《れい》申《もう》しあげます。

述《の》べる

まずは、答《こた》えてもらった内容《ないよう》について、初《はじ》めて知《し》ったことや印象《いんしょう》に残《のこ》ったことなどの感《かん》想《そう》を書《か》こう。

いねいに教《おし》えてくださったおかげで、よい発表《はっぴょう》ができたと思《おも》っています。発表《はっぴょう》に使《つか》った資料《しりょう》をいっしょに送《おく》りますので、ぜひご覧《らん》ください。

これからますます暑《あつ》くなりますが、**お体《からだ》にはどうぞ気《き》をつけて、お仕事《しごと》がんばってください。**

このたびは、本当《ほんとう》にありがとうございました。

平成《へいせい》〇年《ねん》七月《しちがつ》九日《ここのか》

小山《こやま》小学校《しょうがっこう》　五《ご》年《ねん》二《に》組《くみ》

大《おお》田《た》未《み》来《く》

フラワーショップ原田《はらだ》

店長《てんちょう》　原田《はらだ》かおり**様《さま》**

注目《ちゅうもく》! 感想《かんそう》や報告《ほうこく》を具体的《ぐたいてき》に

●**お話《はなし》をうかがって**初《はじ》めて、生花店《せいかてん》のお仕事《しごと》が、楽《たの》しいだけでなく、花《はな》の仕入《しい》れや管理《かんり》など、ご苦労《くろう》が多《おお》いということ**を知《し》りました**。

●また、インタビューの中《なか》で、「大変《たいへん》だけれど、お客様《きゃくさま》のえがおを見《み》られるのでうれしい。」という原田《はらだ》さんのことば**が、とても印象《いんしょう》に残《のこ》りました**。

インタビューをしたあとのこともきちんと報告《ほうこく》しよう。発表《はっぴょう》をした場合《ばあい》は、そのときの資料《しりょう》や写真《しゃしん》などを、手紙《てがみ》にそえて送《おく》るのもいいね。

結《むす》びのあいさつ

●それでは、**これからもお体《からだ》に気《き》をつけてお過《す》ごしください。**

最後《さいご》に、相手《あいて》の健康《けんこう》を気《き》づかうことばを書《か》くよ。

後付《あとづ》け

後付《あとづ》けは、お願《ねが》いの手紙《てがみ》と同《おな》じ形式《けいしき》で書《か》くよ。インタビューをして相手《あいて》の名前《なまえ》がわかったら、かた書《が》きをそえてきちんと記《しる》そう。

書《か》く　学習発表会《がくしゅうはっぴょうかい》の案内状《あんないじょう》

平成《へいせい》○年《ねん》10月《がつ》11日《にち》

花村町町内会《はなむらまちちょうないかい》のみな様《さま》

花村小学校児童一同《はなむらしょうがっこうじどういちどう》

花村小学校学習発表会《はなむらしょうがっこうがくしゅうはっぴょうかい》のご案内《あんない》

さわやかな秋《あき》の風《かぜ》を感《かん》じる季節《きせつ》となりました。みな様《さま》，いかがお過《す》ごしでしょうか。

さて，10月《がつ》29日《にち》（土《ど》）に，花村小学校《はなむらしょうがっこう》の学習発表会《がくしゅうはっぴょうかい》がありますので，下記《かき》のとおりご案内《あんない》します。

1年生《ねんせい》から6年生《ねんせい》までの全校児童《ぜんこうじどう》が，学年《がくねん》ごとに合唱《がっしょう》やげきなどの発表《はっぴょう》を行《おこな》います。日《ひ》ごろの練習《れんしゅう》の成果《せいか》を，少《すこ》しでも多《おお》くの方《かた》に見《み》ていただきたいと思《おも》います。おいそがしいとは思《おも》いますが，ぜひおこしください。お待《ま》ちしています。

記

1　日時《にちじ》

平成《へいせい》○年《ねん》10月《がつ》29日《にち》（土《ど》）　9時《じ》30分《ぷん》～12時《じ》15分《ふん》

2　場所《ばしょ》

花村小学校《はなむらしょうがっこう》　体育館《たいいくかん》

3　当日《とうじつ》の予定《よてい》

9：30～ 9：35　開会《かいかい》のあいさつ
9：35～10：30　前半《ぜんはん》（1，3，5年生《ねんせい》の発表《はっぴょう》）
10：50～12：10　後半《こうはん》（2，4，6年生《ねんせい》の発表《はっぴょう》，全校合唱《ぜんこうがっしょう》）
12：10～12：15　閉会《へいかい》のあいさつ

※当日《とうじつ》の進行《しんこう》によっては，時間《じかん》が早《はや》まったりおそくなったりすることもありますので，ご注意《ちゅうい》ください。

4　その他《た》

・スリッパなど，上《うわ》ばきをご持参《じさん》ください。
・学校《がっこう》にちゅうしゃ場《じょう》はありません。お車《くるま》でおこしの方《かた》は，近《ちか》くの市営《しえい》ちゅうしゃ場《じょう》をご利用《りよう》ください。
・くわしいプログラムは，当日《とうじつ》，体育館《たいいくかん》の入《い》り口《ぐち》でお配《くば》りします。

以上《いじょう》

他《ほか》の書《か》き方《かた》の例《れい》

日付《ひづけ》とあて名《な》，差《さ》し出《だ》し人《にん》の名前《なまえ》を書《か》く

学校《がっこう》や学級《がっきゅう》で案内状《あんないじょう》を出《だ》すときは，「花村小学校児童一同《はなむらしょうがっこうじどういちどう》」や「花村小学校《はなむらしょうがっこう》５年《ねん》１組一同《くみいちどう》」のように書《か》こう。個人《こじん》で出《だ》すときは，自分《じぶん》の名前《なまえ》を書《か》くよ。

文書《ぶんしょ》の題目《だいもく》

受《う》け取《と》った人《ひと》に文書《ぶんしょ》の目的《もくてき》がひと目《め》でわかるように，本文《ほんもん》の前《まえ》に題目《だいもく》を示《しめ》そう。

初《はじ》めのあいさつ

●秋《あき》も深《ふか》まってまいりました。みな様《さま》，お元気《げんき》でいらっしゃいますか。

初《はじ》めのあいさつは，季節《きせつ》に合《あ》わせて書《か》こう。
他《ほか》にどんなあいさつがあるかは，61ページを見《み》よう。

なにについての案内《あんない》なのかを述《の》べる

●さて，本日《ほんじつ》は，10月《がつ》29日《にち》(土《ど》)に行《おこな》われる花村小学校《はなむらしょうがっこう》の学習発表会《がくしゅうはっぴょうかい》についてお知《し》らせいたします。

●さて，今年《ことし》も花村小学校《はなむらしょうがっこう》の学習発表会《がくしゅうはっぴょうかい》をかいさいします。つきましては，下記《かき》のとおりご案内《あんない》します。

●さて，花村小学校《はなむらしょうがっこう》では，下記《かき》のとおり，学習発表会《がくしゅうはっぴょうかい》を行《おこな》うことになりましたので，ご案内《あんない》します。

案内《あんない》したい理由《りゆう》を述《の》べ，さそうことばを述《の》べる

●ぜひとも，お気軽《きがる》に足《あし》をお運《はこ》びください。

●みな様《さま》のおこしを，お待《ま》ちしています。

注目《ちゅうもく》！

かじょう書《が》きで案内《あんない》のくわしい内容《ないよう》を述《の》べる

初《はじ》めに「記」と書《か》いて，その下《した》に案内《あんない》したい内容《ないよう》を，項目《こうもく》ごとに番号《ばんごう》を付《つ》けてかじょう書《が》きで書《か》くよ。
最後《さいご》に「以上《いじょう》」と書《か》こう。

案内《あんない》するものによって，案内状《あんないじょう》に書《か》くべき項目《こうもく》は次《つぎ》のようにちがってくるよ。

◎収穫祭《しゅうかくさい》の案内状《あんないじょう》

日時《にちじ》，場所《ばしょ》，当日《とうじつ》の予定《よてい》，持《も》ち物《もの》（皿《さら》，はしなど） など

◎ごみ拾《ひろ》いボランティアの案内状《あんないじょう》

日時《にちじ》，集合時間《しゅうごうじかん》，集合場所《しゅうごうばしょ》，ごみ拾《ひろ》いの区域《くいき》，持《も》ち物《もの》 など

◎校内《こうない》バザーの案内状《あんないじょう》

日時《にちじ》，場所《ばしょ》，出品《しゅっぴん》できるもの，参加《さんか》を希望《きぼう》する場合《ばあい》の連絡先《れんらくさき》 など

あて名《な》の書《か》き方《かた》

手紙《てがみ》やはがきを出《だ》すときは、相手《あいて》と自分《じぶん》の郵便番号《ゆうびんばんごう》・住所《じゅうしょ》・名前《なまえ》を、正《ただ》しくていねいに書《か》きましょう。

ふうとう

表《おもて》

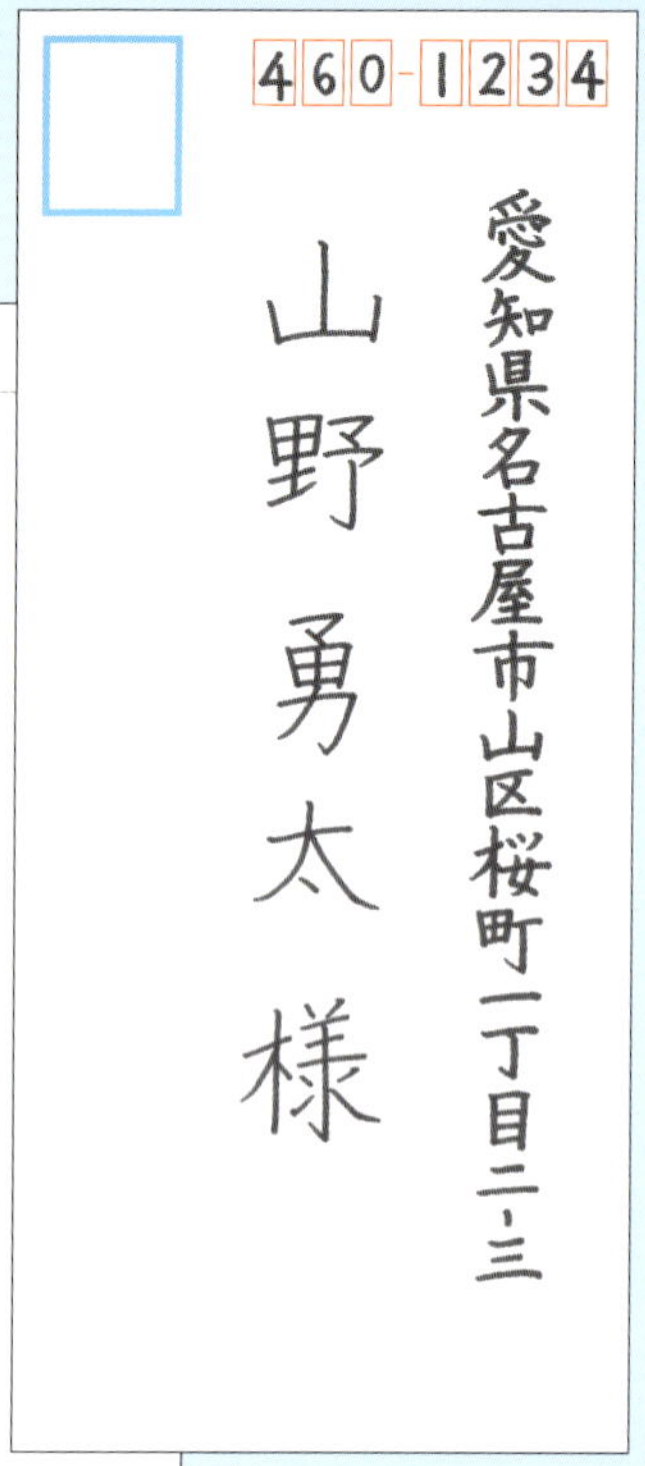
460-1234
愛知県名古屋市山区桜町一丁目二・三
山野勇太様

裏《うら》

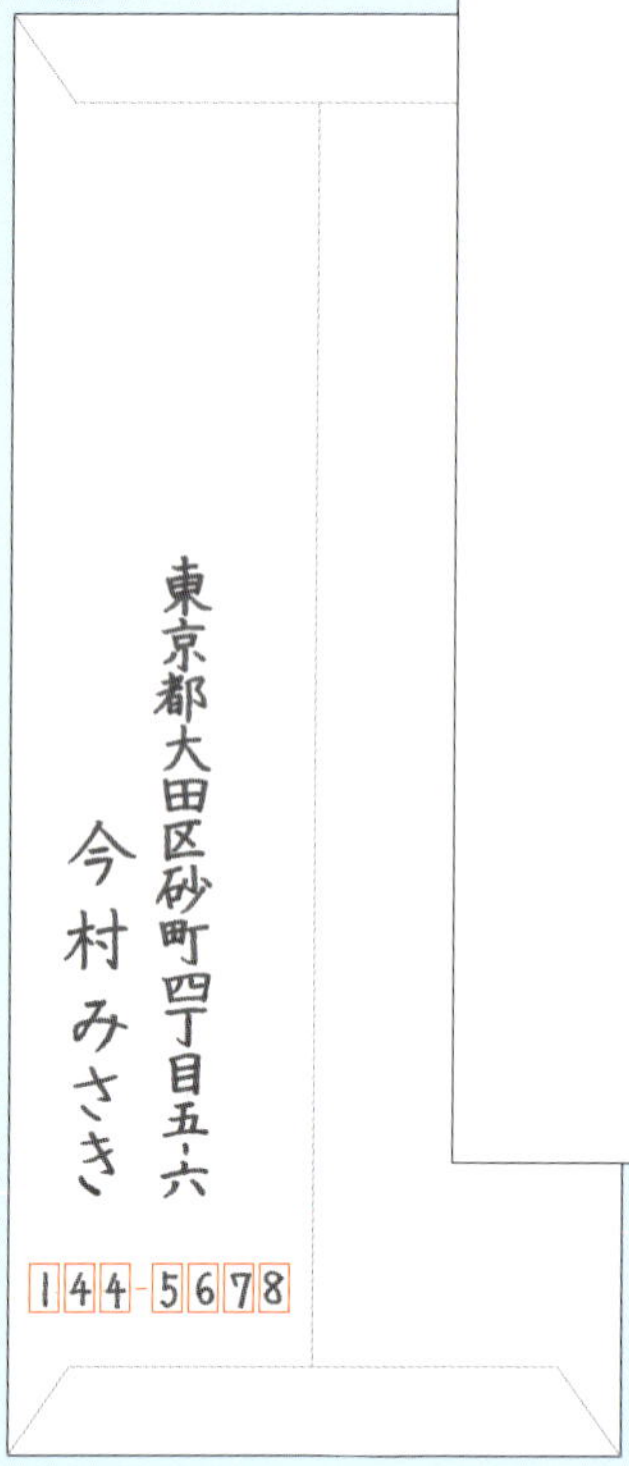
東京都大田区砂町四丁目五・六
今村みさき
144-5678

〈縦書《たてが》き〉

表《おもて》

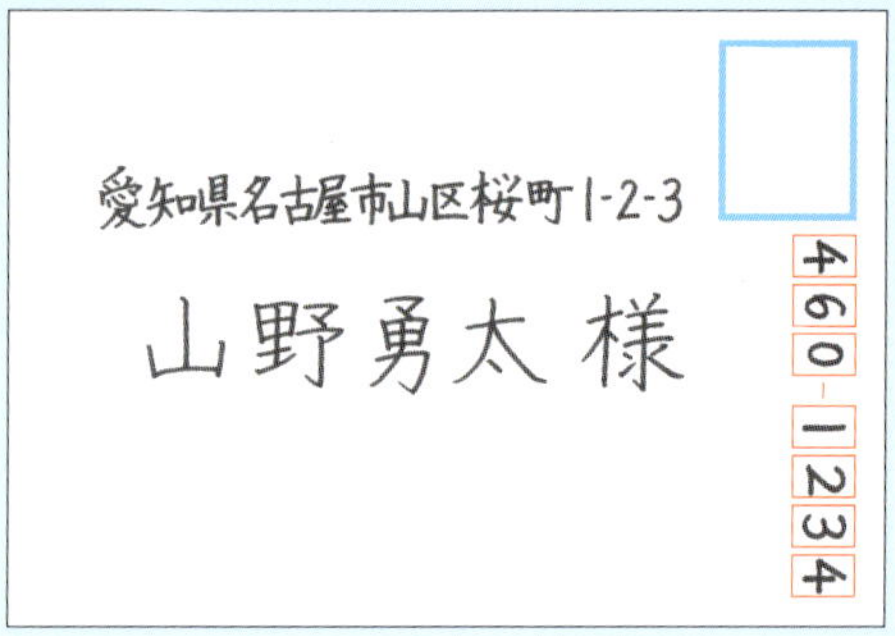
愛知県名古屋市山区桜町1-2-3
山野勇太 様
460-1234

裏《うら》

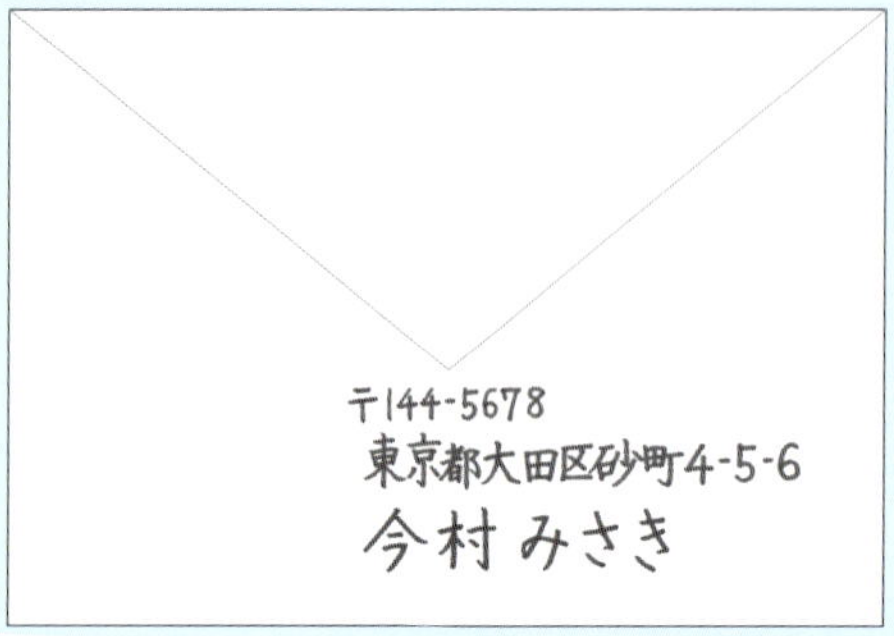
〒144-5678
東京都大田区砂町4-5-6
今村みさき

〈横書《よこが》き〉

はがき

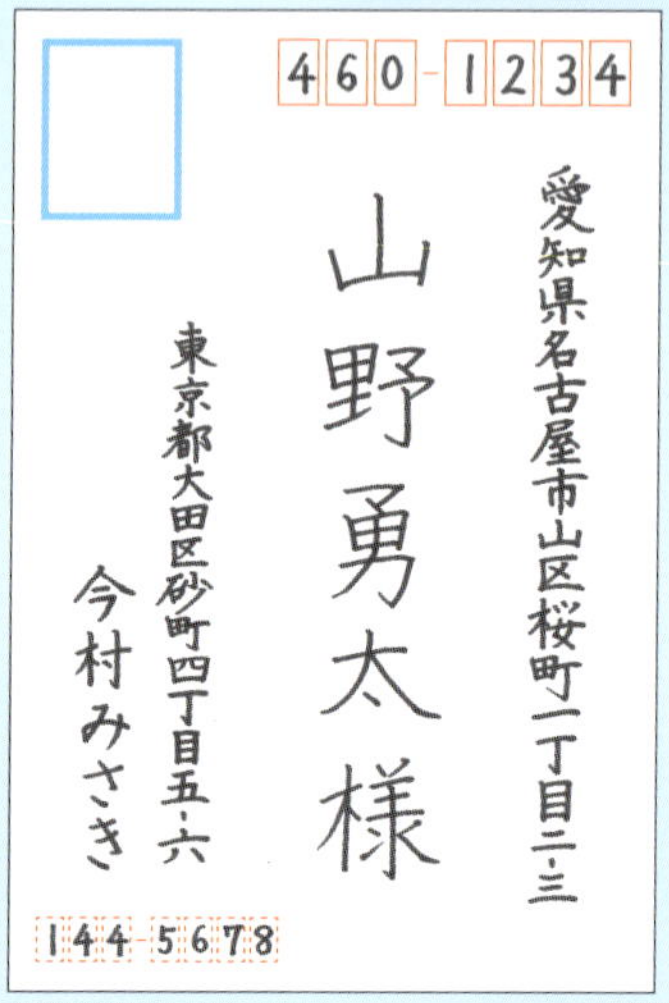
460-1234
愛知県名古屋市山区桜町一丁目二・三
山野勇太様
東京都大田区砂町四丁目五・六
今村みさき
144-5678

〈縦書《たてが》き〉

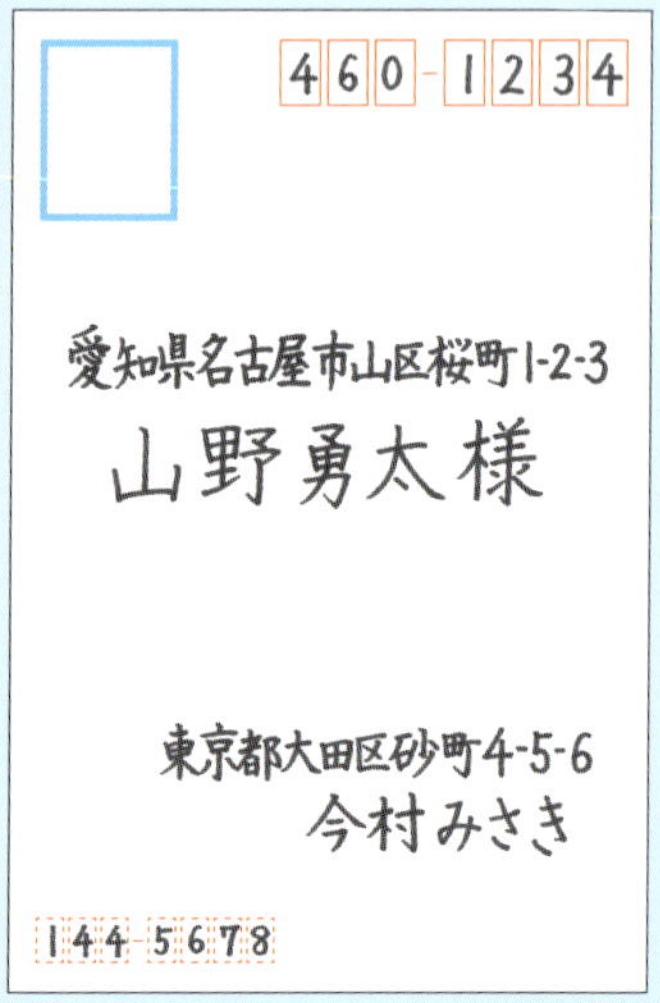
460-1234
愛知県名古屋市山区桜町1-2-3
山野勇太様
東京都大田区砂町4-5-6
今村みさき
144-5678

〈横書《よこが》き〉

相手《あいて》が個人《こじん》の場合《ばあい》は、名前《なまえ》に「様《さま》」をつけるよ。ただし、相手《あいて》が先生《せんせい》の場合《ばあい》は、「様《さま》」より「先生《せんせい》」と書《か》くようにしよう。相手《あいて》がお店《みせ》や会社《かいしゃ》の場合《ばあい》は、「御中《おんちゅう》」を使《つか》うよ。名前《なまえ》は、住所《じゅうしょ》より大《おお》きく書《か》こう。自分《じぶん》の住所《じゅうしょ》と名前《なまえ》は、相手《あいて》の住所《じゅうしょ》と名前《なまえ》より小《ちい》さく書《か》くんだね。

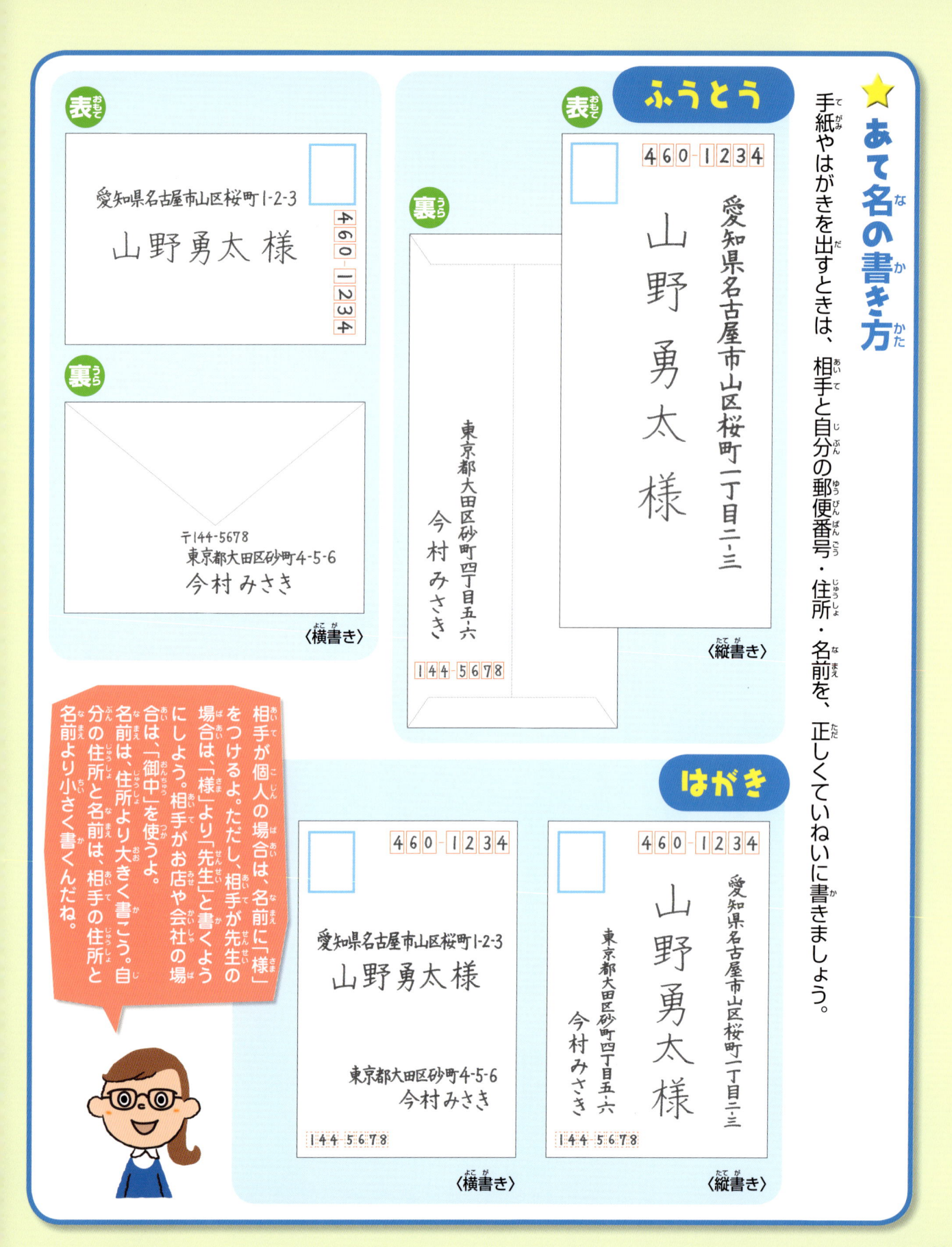

改《あらた》まった手紙《てがみ》

大人《おとな》が書《か》いた、改《あらた》まった手紙《てがみ》を見《み》てみましょう。

大人《おとな》が、仕事《しごと》の相手《あいて》などに出《だ》すおおやけの手紙《てがみ》は、だいたい、次《つぎ》のような形式《けいしき》で書《か》かれています。


拝啓《はいけい》 初秋《しょしゅう》の候《こう》、貴社《きしゃ》ますますご清栄《せいえい》のこととお喜《よろこ》び申《もう》しあげます。

さて、当校《とうこう》では、現在《げんざい》社会科《しゃかいか》の学習《がくしゅう》の一環《いっかん》として、地域《ちいき》の名産品《めいさんひん》について調《しら》べております。つきましては、貴社《きしゃ》の工場《こうじょう》を見学《けんがく》させていただきたく、お願《ねが》いの手紙《てがみ》を差《さ》しあげました。

(中略《ちゅうりゃく》)

具体的《ぐたいてき》な日時《にちじ》につきましては、ご相談《そうだん》のうえ、決定《けってい》させていただきたく存《ぞん》じます。

近日中《きんじつちゅう》に改《あらた》めてお電話《でんわ》差《さ》しあげますが、まずは書中《しょちゅう》にてお願《ねが》い申《もう》しあげます。

敬具《けいぐ》

平成《へいせい》〇年《ねん》九月《くがつ》十日《とおか》
高島小学校《たかしましょうがっこう》 五年《ごねん》二組《にくみ》 担任《たんにん》
広田真弓《ひろたまゆみ》
株式会社《かぶしきがいしゃ》上原食品加工《うえはらしょくひんかこう》御中《おんちゅう》

◉ **頭語《とうご》**
手紙《てがみ》の書《か》きだしのことば。

◉ **初《はじ》めのあいさつ**
まず、季節《きせつ》を感《かん》じることばであいさつをするよ。「ご清栄《せいえい》のこととお喜《よろこ》び申《もう》しあげます。」は、相手《あいて》の健康《けんこう》や繁栄《はんえい》を祝《いわ》う、手紙《てがみ》で使《つか》う決《き》まった言《い》い方《かた》だよ。

◉ **結《むす》びのことば**
特定《とくてい》の個人《こじん》に送《おく》る場合《ばあい》は「ご自愛《じあい》ください。」のように、相手《あいて》の健康《けんこう》を気《き》づかうことばを書《か》くことが多《おお》いよ。

◉ **結語《けつご》**
手紙《てがみ》の最後《さいご》に書《か》くことば。
「拝啓《はいけい》」で始《はじ》めたら「敬具《けいぐ》」で終《お》えるというように、頭語《とうご》と結語《けつご》は組《く》み合《あ》わせが決《き》まっているよ。他《ほか》に「謹啓《きんけい》」と「敬白《けいはく》」、「前略《ぜんりゃく》」と「草々《そうそう》」などがよく使《つか》われるよ。

◉ **後付《あとづ》け**
日付《ひづけ》・自分《じぶん》の名前《なまえ》・あて名《な》。

ことばを選《えら》ぶ

手《て》紙《がみ》を書《か》くときに気《き》をつけたい、時《とき》・タイミングを表《あらわ》すことば

ポイント！

●時《とき》やタイミングを表《あらわ》すことばはいろいろあり、手《て》紙《がみ》の中《なか》でもよく使《つか》われます。内容《ないよう》や送《おく》る相手《あいて》に合《あ》ったことばを選《えら》んで書《か》きましょう。

お願《ねが》いの手《て》紙《がみ》（38・39ページ）の一《いち》部《ぶ》

このたびは、お願《ねが》いがあってこの手《て》紙《がみ》を書《か》きました。

お礼《れい》の手《て》紙《がみ》（40・41ページ）の一《いち》部《ぶ》

暑《あつ》くなってきましたが、お元気《げんき》ですか。**先日《せんじつ》**インタビューにうかがった、小《こ》山《やま》小《しょう》学《がっ》校《こう》五《ご》年《ねん》二《に》組《くみ》の大田《おおた》未来《みく》です。

その節《せつ》は、おいそがしい中《なか》、私《わたし》たちのためにインタビューの時間《じかん》をとっていただき、ありがとうございました。

他《ほか》の書《か》き方《かた》の例《れい》

●「**今回《こんかい》は**／**本日《ほんじつ》は**／**このほど**」、お願《ねが》いがあってこの手《て》紙《がみ》を書《か》きました。

「このほど」ということばを使《つか》うと、「今回《こん かい》は」「本日《ほん じつ》は」よりも、ちょっと改《あらた》まった感《かん》じがするね。

●「**この間《あいだ》**／**以前《い ぜん》**」インタビューにうかがった、

「以前《い ぜん》」ということばは、現在《げんざい》よりも前《まえ》を表《あらわ》すことばだよ。

●**その折《おり》**は、おいそがしい中《なか》、

「節《せつ》」も「折《おり》」も、「時機《じき》」という意味《いみ》を表《あらわ》すことばだよ。ここではインタビューにうかがったときのことをいってるんだね。

時《とき》・タイミングを表《あらわ》すことば

★始《はじ》めた時《とき》を表《あらわ》すことば

- 最近《さいきん》
- このごろ
- 近《ちか》ごろ
- 先《さき》ごろ

テニスを始《はじ》めたよ。

★遊《あそ》びに行《い》く時《とき》を表《あらわ》すことば

- 今度《こんど》
- 来月《らいげつ》
- 近々《ちかぢか》
- そのうち
- いつか
- 夏休《なつやす》みに

遊《あそ》びに行《い》くね。

★始《はじ》まるタイミングを表《あらわ》すことば

- 間《ま》もなく
- そろそろ
- ようやく
- ついに
- もう

夏休《なつやす》み

この他《ほか》にも「時《とき》・タイミングを表《あらわ》すことば」はいろいろあるよ。48ページを見《み》てみよう。

日差《ひざ》しのまぶしい季節《きせつ》となりました。
暑《あつ》い日《ひ》が続《つづ》いています。
セミの声《こえ》がにぎやかになってきました。

手紙《てがみ》で使《つか》われる季節《きせつ》のあいさつは、61ページを見《み》てみよう。

ことばの資料《しりょう》

時《とき》・タイミングを表《あらわ》すことば

今《いま》・このたび

- 今《いま》
- 現在《げんざい》
- このたび
- 今《いま》のところ
- このごろ
- 最近《さいきん》
- ただ今《いま》
- 今回《こんかい》
- このほど
- このところ
- 近《ちか》ごろ
- 目下《もっか》

今《いま》まで・かつて

- 今《いま》まで
- 今《いま》の今《いま》まで
- かつて
- 前《まえ》から
- かねて
- かねがね
- これまで
- あとにも先《さき》にも
- いまだかつて
- 以前《いぜん》から
- かねてから
- もともと

さっき・先《さき》の

- さっき
- 先《さき》ごろ
- 先《さき》の
- 先日《せんじつ》
- この前《まえ》
- 先《さき》ほど
- 先《せん》だって
- 去《さ》る
- 過日《かじつ》
- この間《あいだ》

今度《こんど》・あとで

- 今度《こんど》
- きたる
- 次《つぎ》
- この次《つぎ》
- 後《のち》ほど
- 今後《こんご》
- 以降《いこう》
- これから
- 明《あ》くる
- 翌《よく》
- 次回《じかい》
- その後《ご》
- あとで
- 以後《いご》
- 以来《いらい》

そのうち(に)・やがて

- そのうち(に)
- 今《いま》に
- いずれ
- おそかれ早《はや》かれ
- 近《ちか》く
- 近々《ちかぢか》
- 間《ま》もなく
- 時《とき》をうつさず
- 追《お》って
- だんだん
- ぼちぼち
- のちのち
- いつか
- 今《いま》にも
- やがて
- 早晩《そうばん》
- 近《ちか》いうちに
- 近々《きんきん》(に)
- ほどなく
- 遠《とお》からず
- おいおい
- そろそろ
- ゆくゆく

すぐ(に)・早速《さっそく》

- すぐ(に)
- じき(に)
- ~しだい
- 間髪《かんはつ》を入《い》れず(に)
- そばから
- 即《そく》
- 即時《そくじ》
- 即刻《そっこく》
- とたん(に)
- 早速《さっそく》
- 至急《しきゅう》
- たちまち
- 見《み》る間《ま》に
- あっという間《ま》に
- 今《いま》すぐ(に)
- 直《ただ》ちに
- 次《つ》いで
- すぐさま
- その場《ば》で
- 即座《そくざ》に
- 即日《そくじつ》
- 真《ま》っ先《さき》に
- とっさに
- すかさず
- いち早《はや》く
- たちどころに
- 見《み》る見《み》るうちに

急《きゅう》に・突然《とつぜん》

- 急《きゅう》に
- にわかに
- 突然《とつぜん》
- 唐突《とうとつ》に
- 出《だ》しぬけに
- やぶからぼうに
- いきなり
- やにわに
- 突如《とつじょ》(として)
- 不意《ふい》に
- ふと

時《とき》・タイミングを表《あらわ》すことば

いつも・常《つね》に

- いつも
- 常《つね》に
- 常《つね》々《づね》
- 日《ひ》ごろ
- 毎《まい》日《にち》
- 毎《まい》度《ど》
- いつでも
- 常《じょう》時《じ》
- ふだん
- 常《つね》日《ひ》ごろ
- 毎《まい》回《かい》

ずっと・絶《た》えず

- ずっと
- 永《えい》久《きゅう》に
- 永《えい》続《ぞく》的《てき》に
- 終《しゅう》生《せい》
- 末《すえ》永《なが》く
- 絶《た》えず
- 間《かん》断《だん》なく
- のべつ幕《まく》なし(に)
- 一《いち》年《ねん》中《じゅう》
- 一《いち》日《にち》中《じゅう》
- 日《ひ》もすがら
- ひと晩《ばん》中《じゅう》
- 明《あ》けても暮《く》れても
- ねても覚《さ》めても
- 夜《よ》通《どお》し
- 夜《よ》をてっして
- 次《つぎ》から次《つぎ》へと
- 始《し》終《じゅう》
- 永《えい》遠《えん》に
- いつまでも
- 一《いっ》生《しょう》
- 欠《か》かさず
- 止《と》めどなく
- 引《ひ》っ切《き》りなしに
- 引《ひ》き続《つづ》き
- 年《ねん》がら年《ねん》中《じゅう》
- 日《ひ》がな一《いち》日《にち》
- ひねもす
- 朝《あさ》から晩《ばん》まで
- 昼《ちゅう》夜《や》をおかず
- 夜《よ》もすがら
- 次《つぎ》々《つぎ》(に)

とりあえず・しばらく

- とりあえず
- さしあたり
- 一《いっ》旦《たん》
- 当《とう》分《ぶん》
- しばらく
- しばらくぶりに
- 久《ひさ》しぶりに
- ひとまず
- さしあたって
- 当《とう》面《めん》
- ひとしきり
- しばし
- 久《ひさ》しく
- 久《ひさ》々《びさ》(に)

まだ—もう

- まだ
- いまだ(に)
- 依《い》然《ぜん》(として)
- 今《いま》か今《いま》かと
- まだまだ
- いまだかつて
- 今《いま》やおそしと

- もう
- とっくに
- すでに
- もはや
- とうに

いつ・いつの間《ま》にか

- いつ
- いつの間《ま》にか
- いつとはなしに
- 知《し》らず知《し》らずのうちに
- 知《し》らぬ間《ま》に
- いつしか
- いつとなく
- 気《き》づかぬうちに

ついに・やっと

- ついに
- とうとう
- ようやく
- やっと
- やっとの思《おも》いで
- しまいに
- いよいよ
- ようよう
- やっとのことで

ちょうど—あいにく

- ちょうど
- 運《うん》よく
- 間《ま》がよく
- 折《おり》しも
- 思《おも》いも寄《よ》らず
- 偶《ぐう》然《ぜん》(に)
- たまたま
- 都《つ》合《ごう》よく
- タイミングよく
- 思《おも》いがけず
- あわよくば

- あいにく
- 折《おり》あしく

一《いち》度《ど》に・ついでに

- 一《いち》度《ど》に
- 一《いっ》気《き》に
- 一《いっ》斉《せい》に
- ひと息《いき》に
- 同《どう》時《じ》に
- ついでに
- その折《おり》(に)
- 一《いち》時《どき》に
- 一《いっ》挙《きょ》に
- いっぺんに
- 瞬《しゅん》間《かん》的《てき》に
- 時《とき》を同《おな》じにして
- その際《さい》(に)
- その節《せつ》

身《み》近《ぢか》なコミュニケーション

私《わたし》たちは、毎日《まいにち》いろいろな人《ひと》と接《せっ》し、ことばを交《か》わして暮《く》らしています。

日常《にちじょう》の身近《みぢか》なコミュニケーションには、どのようなものがあって、どんなことばが使《つか》われているでしょうか。

あいさつのことば

あいさつのことばは、時間《じかん》や場面《ばめん》、相手《あいて》によって、使《つか》い分《わ》けられているんだね。

◎年《ねん》れいや立場《たちば》が、同《おな》じか下《した》の人《ひと》に言《い》う場合《ばあい》と、上《うえ》の人《ひと》に言《い》う場合《ばあい》

●「私《わたし》」が友達《ともだち》や下級生《かきゅうせい》に……「おはよう。」「バイバイ。」

●「私《わたし》」が先生《せんせい》に……「おはようございます。」「さようなら。」

●祖父《そふ》が母《はは》に……「行《い》ってくるよ。」

●「私《わたし》」が母《はは》に……「行《い》ってきます。」

●上司《じょうし》が部下《ぶか》に……「ご苦労《くろう》さま。」

●会社員《かいしゃいん》が同《おな》じ職場《しょくば》の仲間《なかま》に……「お疲《つか》れさま。」

「ご苦労《くろう》さま。」は、上《うえ》の立場《たちば》の人《ひと》から下《した》の立場《たちば》の人《ひと》に言《い》うことばだよ。下《した》の立場《たちば》の人《ひと》が上《うえ》の立場《たちば》の人《ひと》に言《い》うと失礼《しつれい》になるので注意《ちゅうい》しよう。

- 医者《いしゃ》が患者《かんじゃ》に……「お大事《だいじ》に。」
- 患者《かんじゃ》が医者《いしゃ》に……「ありがとうございました。」
- 客《きゃく》が店員《てんいん》に……「こんにちは。」
- 店員《てんいん》が客《きゃく》に……「いらっしゃいませ。」

◎親《した》しい人《ひと》に言《い》う場合《ばあい》と、親《した》しくない人《ひと》に言《い》う場合《ばあい》

- 「私《わたし》」が友達《ともだち》に……「ねえ。」
- 「私《わたし》」が交番《こうばん》の警察官《けいさつかん》に……「すみません。」

◎改《あらた》まらない場合《ばあい》と、改《あらた》まった場合《ばあい》

- 転校生《てんこうせい》がクラスの一人《ひとり》に……「よろしくね。」
- 転校生《てんこうせい》がクラス全員《ぜんいん》に……「よろしくお願《ねが》いします。」

◎省略《しょうりゃく》していう場合《ばあい》と、省略《しょうりゃく》しないで言《い》う場合《ばあい》

- 「私《わたし》」が弟《おとうと》に……「お帰《かえ》り。」「お帰《かえ》りなさい。」
- 「私《わたし》」が母《はは》に……「お休《やす》み。」「お休《やす》みなさい。」

必《かなら》ずこのように言《い》うと決《き》まっているわけではないけれど、年《ねん》れいや立場《たちば》が上《うえ》の人《ひと》、親《した》しくない人《ひと》にあいさつをする場合《ばあい》や、改《あらた》まった場面《ばめん》であいさつをする場合《ばあい》には、ていねいな言《い》い方《かた》をすることが多《おお》いんだね。

ほめる
うわあ。上手《じょうず》だね。
楽《たの》しそうな様子《ようす》がよくわかるね。
お礼《れい》を言《い》う
ありがとう。
谷本《たにもと》さんの絵《え》も色《いろ》づかいがとてもきれいだね。

感動《かんどう》したことを相手《あいて》にうまく伝《つた》えよう。

◎どこがいいと思《おも》ったか、具体的《ぐたいてき》に述《の》べる

- 表情《ひょうじょう》がいきいきしていていいね。
- きれいな色《いろ》だね。こんな色《いろ》が出《だ》せるなんて知《し》らなかったよ。

◎自分《じぶん》が、どんなふうに感《かん》じたかを述《の》べる

- 楽《たの》しそうな様子《ようす》が伝《つた》わってきて、私《わたし》まで楽《たの》しくなるよ。
- 見《み》ている人《ひと》が明《あか》るい気持《きも》ちになるね。私《わたし》は、とても好《す》きだな。

◎あこがれや、うらやましい気持《きも》ちを述《の》べる

- 私《わたし》も、こんなふうにかけたらいいなあ。

ほめてくれたことへのお礼《れい》を伝《つた》えるには、どのように言《い》ったらいいだろう。

◎ほめられてうれしい気持《きも》ちを、素直《すなお》に述《の》べる

- 一生《いっしょう》けんめいかいたから、うれしいな。
- そう言《い》ってもらえると、とてもうれしいよ。

◎相手《あいて》の気持《きも》ちへの配慮《はいりょ》を示《しめ》す

- ありがとう。谷本《たにもと》さんの絵《え》も、細部《さいぶ》までしっかりとかきこまれていてすごくいいね。

抗議《こうぎ》する
前《まえ》から言《い》っているけど、私《わたし》が貸《か》した本《ほん》、そろそろ返《かえ》してくれないかな。
あやまる
ごめん。うっかりまた……。

苦情《くじょう》を言《い》うときに、相手《あいて》と余計《よけい》な争《あらそ》いにならないようにするには、どんな言《い》い方《かた》をしたらいいだろう。

◎相手《あいて》に問《と》いかける

●私《わたし》が貸《か》した本《ほん》、［いつ返《かえ》してもらえるかな。／まだ返《かえ》してもらえないのかな。］

◎自分《じぶん》が困《こま》っていることを述《の》べる

●他《ほか》にも読《よ》みたい人《ひと》がいるから、そろそろ返《かえ》してほしいんだけど。

◎相手《あいて》に確認《かくにん》する

●先週《せんしゅう》のうちに返《かえ》してくれるって言《い》ったよね。

◎解決《かいけつ》のための提案《ていあん》をする

●私《わたし》が、八木君《やぎくん》の家《いえ》まで取《と》りに行《い》ってもいいよ。

相手《あいて》が納得《なっとく》するようにあやまるには、どうすればいいかな。

◎初《はじ》めに、「悪《わる》かった」という気持《きも》ちを素直《すなお》に伝《つた》える

●本当《ほんとう》にごめんね。うっかりまた、家《いえ》にわすれてきちゃったんだ。

◎これからどうするかを述《の》べる

●明日《あす》は、絶対《ぜったい》にわすれずに持《も》ってくるよ。

代《か》わってほしいとたのむ ― 断《ことわ》る

たのむ
放《ほう》課《か》後《ご》、急《きゅう》に、図《と》書《しょ》委《い》員《いん》は集《あつ》まることになったんだ。花《か》だんの水《みず》やり当《とう》番《ばん》、代《か》わってくれないかな。
断《ことわ》る
ごめん。今日《きょう》は約《やく》束《そく》があってだめなんだ。

相《あい》手《て》になにかをたのむときは、相《あい》手《て》の都《つ》合《ごう》を考《かんが》えてお願《ねが》いしよう。

◎相《あい》手《て》の都《つ》合《ごう》をきく

●放《ほう》課《か》後《ご》、少《すこ》し時《じ》間《かん》あるかな。花《か》だんの水《みず》やり当《とう》番《ばん》を、代《か》わってほしいんだ。

◎引《ひ》き受《う》けてもらえたら助《たす》かることを述《の》べる

●花《か》だんの水《みず》やり当《とう》番《ばん》、代《か》わってもらえたらうれしいんだけど、だめかな。

断《ことわ》るときに「だめだ」「いやだ」とだけ言《い》っては、相《あい》手《て》がいやな思《おも》いをしそうだね。相《あい》手《て》を傷《きず》つけずに上《じょう》手《ず》に断《ことわ》ろう。

◎引《ひ》き受《う》けられないことへのすまない気《き》持《も》ちを述《の》べる

●悪《わる》いんだけど、今日《きょう》はどうしてもだめなんだ。

●代《か》わってあげたいんだけど、今日《きょう》は無《む》理《り》なんだ。

◎断《ことわ》る理《り》由《ゆう》を述《の》べる

●今日《きょう》はぼくも用《よう》事《じ》があって、早《はや》く帰《かえ》らないといけないんだ。

◎次《つぎ》の機《き》会《かい》について述《の》べる

●ごめんね。用《よう》事《じ》がなければ、次《つぎ》はきっと代《か》わるから。

取《と》り合《あ》う
ここ、私《わたし》たちが使《つか》いたいんだけど……。
なだめる
まあまあ。
え。ぼくたちが先《さき》に来《き》たんだよ。

一《ひと》つのものを取《と》り合《あ》うことになったら、自《じ》分《ぶん》の言《い》い分《ぶん》をどのように主《しゅ》張《ちょう》すると効《こう》果《か》的《てき》かな。

◉事《じ》実《じつ》を述《の》べて主《しゅ》張《ちょう》する

- ぼくたちが先《さき》に場《ば》所《しょ》を取《と》ったんだから、早《はや》い者《もの》勝《が》ちだよ。
- 西《にし》山《やま》君《くん》たち、昨日《きのう》もここを使《つか》ってたじゃない。今日《きょう》は私《わたし》たちに使《つか》わせてよ。

◉代《か》わりの案《あん》を提《てい》案《あん》して主《しゅ》張《ちょう》する

- 明日《あす》は西《にし》山《やま》君《くん》たちが使《つか》っていいから。今日《きょう》は私《わたし》たちに使《つか》わせて。

◉理《り》由《ゆう》があることを述《の》べて主《しゅ》張《ちょう》する

- 練《れん》習《しゅう》試《じ》合《あい》が近《ちか》いんだ。一《いち》時《じ》間《かん》だけ使《つか》わせてくれないかな。

言《い》い争《あらそ》いをなだめるには、どうしたらいいかな。

◉両《りょう》方《ほう》を落《お》ち着《つ》かせ、言《い》い分《ぶん》を聞《き》く

- どうしたの。順《じゅん》番《ばん》に話《はなし》を聞《き》かせてよ。
- 落《お》ち着《つ》いて。なにをもめているのか、ぼくに教《おし》えてよ。

◉解《かい》決《けつ》となるような提《てい》案《あん》をする

- 時《じ》間《かん》を決《き》めて、交《こう》代《たい》で使《つか》ったらいいんじゃないかな。
- じゃんけんで決《き》めたらどうかな。

活動《かつどう》の流《なが》れ

この本《ほん》で取《と》り上《あ》げている活動《かつどう》の，それぞれの流《なが》れを確認《かくにん》しましょう。

どんな活動《かつどう》をする場合《ばあい》でも，まず初《はじ》めになんのためにその活動《かつどう》をするのかを考《かんが》え，目的《もくてき》にもっともふさわしいやり方《かた》を考《かんが》えます。

自分《じぶん》の考《かんが》えや希望《きぼう》を相手《あいて》に受《う》け入《い》れてもらったり，相手《あいて》から求《もと》める情報《じょうほう》を引《ひ》き出《だ》したりするには，相手《あいて》や場面《ばめん》に合《あ》った文章《ぶんしょう》の構成《こうせい》や表現《ひょうげん》を考《かんが》えることが必要《ひつよう》です。また，その内容《ないよう》について，前《まえ》もってしっかりと準備《じゅんび》や検討《けんとう》をしておくことも大切《たいせつ》です。

1 話《はな》し合《あ》う

2 聞《き》く・たずねる

3 手紙《てがみ》を書《か》く

1 話《はな》し合《あ》う（6～15ページ）

① 司会《しかい》グループ（司会《しかい》・書記《しょき》・時間管理係《じかんかんりがかり》など）は、事前《じぜん》に、会《かい》の進行《しんこう》について計画《けいかく》を立《た》てておく。

話《はな》し合《あ》いの前《まえ》に、進行《しんこう》メモを作《つく》っておくといいね。

② 話《はな》し合《あ》いの初《はじ》めに、参加者全員《さんかしゃぜんいん》で、話《はな》し合《あ》いの目的《もくてき》や議題《ぎだい》（テーマ）、進行《しんこう》のしかたを確《たし》かめる。

事前《じぜん》に議題《ぎだい》（テーマ）がわかっているときは、自分《じぶん》の意見《いけん》や理由《りゆう》を整理《せいり》してから話《はな》し合《あ》いに参加《さんか》しよう。

③ 司会《しかい》の進行《しんこう》にしたがって、話《はな》し合《あ》う。書記《しょき》は、出《だ》された意見《いけん》を整理《せいり》し、要点《ようてん》をまとめて記録《きろく》する。時間管理係《じかんかんりがかり》は、話《はな》し合《あ》いが計画通《けいかくどお》りに進《すす》むように、時間《じかん》を見《み》ながらときどき声《こえ》をかける。

書記《しょき》には、黒板《こくばん》に記録《きろく》する係《かかり》と、ノートに記録《きろく》する係《かかり》の二人《ふたり》を決《き》めておくといいよ。

④ 話《はな》し合《あ》いの内容《ないよう》や結果《けっか》を、参加者全員《さんかしゃぜんいん》で確《たし》かめる。

2 聞《き》く・たずねる（22〜33ページ）

1 目的《もくてき》や相手《あいて》に合《あ》わせて、たずねる手段《しゅだん》を決《き》める。

- その場《ば》で直接《ちょくせつ》たずねる

  案内《あんない》がほしいときや、その場《ば》で生《しょう》じた疑問《ぎもん》などについてすぐに教《おし》えてほしいとき。

- インタビューをする

  その人《ひと》のもっている知識《ちしき》や経験《けいけん》などについて、直接《ちょくせつ》、くわしく話《はなし》を聞《き》きたいとき。

- メールや手紙《てがみ》で問《と》い合《あ》わせる

  複雑《ふくざつ》な内容《ないよう》や、専門的《せんもんてき》な内容《ないよう》など、回答《かいとう》に手間《てま》や時間《じかん》がかかるようなことをたずねるとき。

- アンケートで調査《ちょうさ》する

  多《おお》くの人《ひと》の考《かんが》えや意見《いけん》、状況《じょうきょう》などを知《し》りたいとき。

2 質問《しつもん》の内容《ないよう》を具体的《ぐたいてき》に決《き》める。

3 質問《しつもん》をし、回答《かいとう》を得《え》る。インタビューなど、直接話《ちょくせつはなし》を聞《き》くときは、必要《ひつよう》に応《おう》じて、録音《ろくおん》をしたりメモを取《と》ったりする。また、回答《かいとう》についてわからないことがあるときは、さらに質問《しつもん》したり内容《ないよう》を確認《かくにん》したりして正《ただ》しく理解《りかい》する。

4 たずねたことに答《こた》えてもらったら、必《かなら》ずお礼《れい》を伝《つた》える。また、わかったことはきちんと整理《せいり》する。

3 手紙《てがみ》を書《か》く（38〜45ページ）

1 手紙《てがみ》を書《か》く目的《もくてき》をはっきりさせて、どんなことを書《か》くのかを決《き》める。

2 相手《あいて》に伝《つた》えたい内容《ないよう》と文章《ぶんしょう》の構成《こうせい》を整理《せいり》して、手紙《てがみ》の下書《したが》きをする。

3 清書《せいしょ》する。

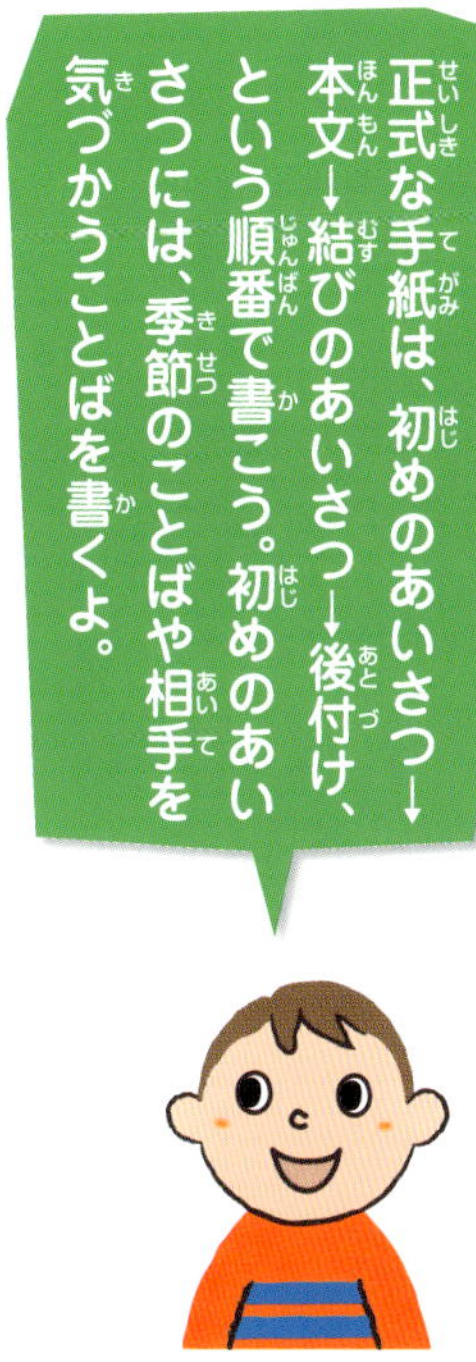
正式《せいしき》な手紙《てがみ》は、初《はじ》めのあいさつ→本文《ほんもん》→結《むす》びのあいさつ→後付《あとづ》け、という順番《じゅんばん》で書《か》こう。初《はじ》めのあいさつには、季節《きせつ》のことばや相手《あいて》を気《き》づかうことばを書《か》くよ。

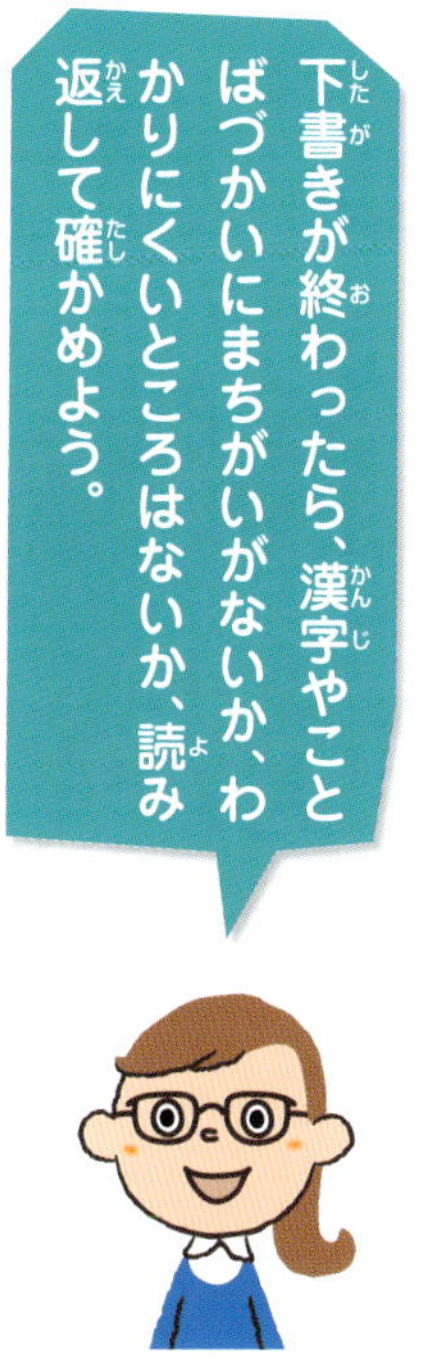
下書《したが》きが終《お》わったら、漢字《かんじ》やことばづかいにまちがいがないか、わかりにくいところはないか、読《よ》み返《かえ》して確《たし》かめよう。

読《よ》む人《ひと》のことを考《かんが》えて、文字《もじ》はていねいに、まちがいのないように書《か》こう。

ディベートの流《なが》れ

ディベートは、あるテーマについて、肯定《こうてい》グループと否定《ひてい》グループに分《わ》かれて意見《いけん》を戦《たたか》わせる討論《とうろん》のやり方《かた》の一《ひと》つだよ。最後《さいご》に、審判《しんぱん》グループが、勝敗《しょうはい》を判定《はんてい》するんだ。

準備《じゅんび》

①ディベートのテーマを参加者全員《さんかしゃぜんいん》で決《き》める。

賛成《さんせい》と反対《はんたい》に意見《いけん》がはっきり分《わ》かれるテーマを選《えら》ぼう。みんなの興味《きょうみ》のあるテーマにするとディベートが盛《も》り上《あ》がるよ。

②肯定《こうてい》グループと否定《ひてい》グループの人数《にんずう》をそれぞれ数人《すうにん》とし、それ以外《いがい》の人《ひと》を、審判《しんぱん》グループとする。

③自分《じぶん》の意見《いけん》に納得《なっとく》してもらえるような理由《りゆう》を考《かんが》え、その根拠《こんきょ》となる資料《しりょう》を集《あつ》める。また、相手《あいて》の反論《はんろん》を予想《よそう》し、それに対《たい》する答《こた》えを準備《じゅんび》しておく。

ディベートをするときには、事前《じぜん》にしっかり準備《じゅんび》しておくことが大切《たいせつ》だよ。

ディベートの進《すす》め方《かた》の例《れい》

①初《はじ》めの主張《しゅちょう》（肯定《こうてい》グループ、否定《ひてい》グループ　各三分《かくさんぷん》）

②相談《そうだん》（相手《あいて》の主張《しゅちょう》に対《たい》する質問《しつもん》を考《かんが》える　二分《にふん》）

③質疑応答《しつぎおうとう》（否定《ひてい》グループから肯定《こうてい》グループへ、肯定《こうてい》グループから否定《ひてい》グループへ　各八分《かくはちふん》）

④相談《そうだん》（相手《あいて》の質問《しつもん》を受《う》けて、最後《さいご》の主張《しゅちょう》を考《かんが》える　二分《にふん》）

⑤最後《さいご》の主張《しゅちょう》（肯定《こうてい》グループ、否定《ひてい》グループ　各二分《かくにふん》）

⑥審判《しんぱん》グループによる勝敗《しょうはい》の判定《はんてい》・まとめ

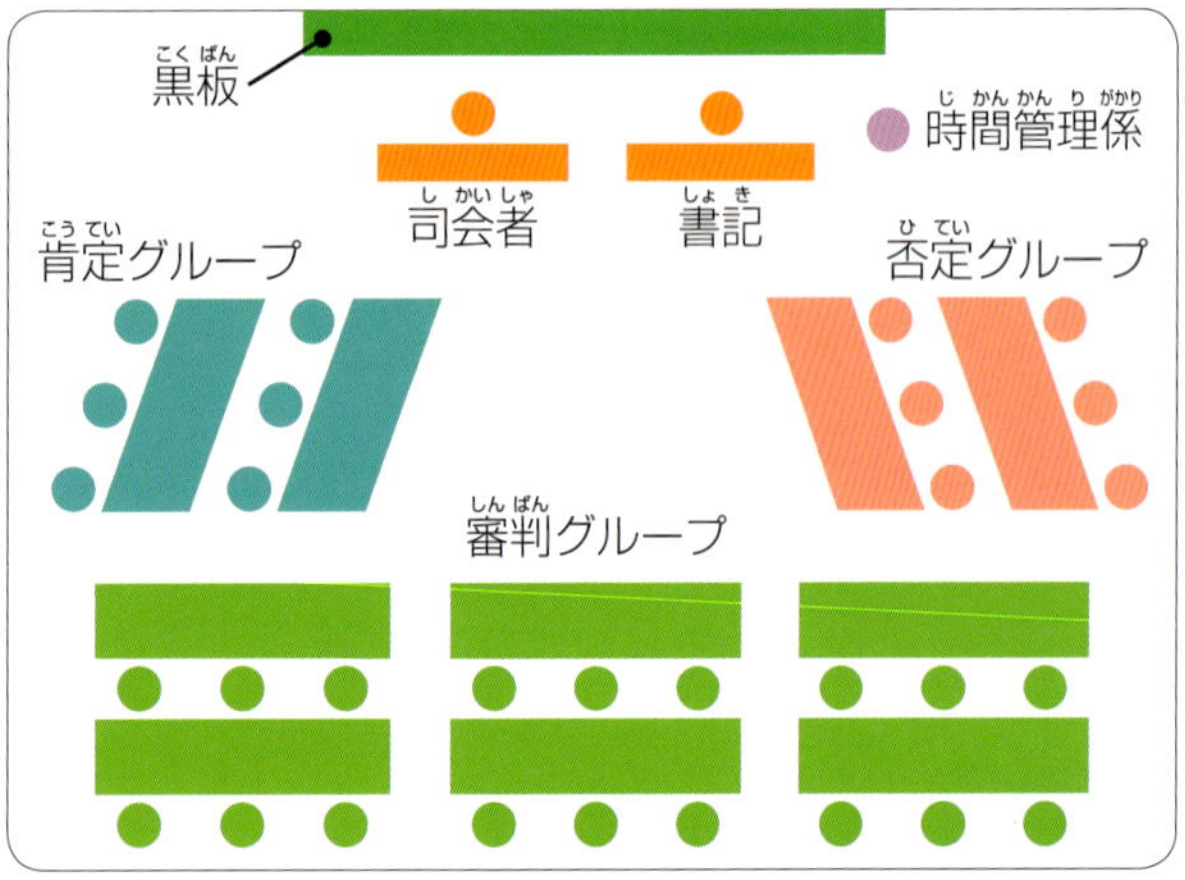

ディベートは、だいたい右《みぎ》のような流《なが》れで進《すす》むよ。それぞれの時間配分《じかんはいぶん》は、状況《じょうきょう》に合《あ》わせて決《き》めよう。机《つくえ》の配置《はいち》を上《うえ》の図《ず》のようにすると、ディベートがしやすいよ。

インタビューの流《なが》れ

①知《し》りたい内容《ないよう》から、インタビューをお願《ねが》いする相手《あいて》を決《き》める。

②聞《き》きたいことを整理《せいり》し、具体的《ぐたいてき》な質問項目《しつもんこうもく》と質問《しつもん》する順番《じゅんばん》を決《き》める。

③インタビューを申《もう》しこみ、日時《にちじ》や場所《ばしょ》を決《き》める。

④インタビューをする。

インタビューをする人《ひと》、メモを取《と》る人《ひと》、録音《ろくおん》する人《ひと》など、何人《なんにん》かで役割《やくわり》を分担《ぶんたん》するといいよ。録音《ろくおん》をするときは、相手《あいて》に断《ことわ》ってからにしよう。

初《はじ》めに自己紹介《じこしょうかい》をすることと、インタビューの目的《もくてき》を伝《つた》えること、最後《さいご》にお礼《れい》を言《い》うことをわすれずにね。

⑤インタビューで聞《き》いたことを整理《せいり》して、発表《はっぴょう》の形式《けいしき》などにまとめる。

⑥インタビューを受《う》けてくれた相手《あいて》に、お礼《れい》の手紙《てがみ》を書《か》く。

アンケート調査《ちょうさ》の流《なが》れ

①調査《ちょうさ》の目的《もくてき》をはっきりさせ、調査《ちょうさ》の対象《たいしょう》を決《き》める。

②アンケート用紙《ようし》の配《くば》り方《かた》や調査期間《ちょうさきかん》、回収《かいしゅう》のしかたなどを決《き》める。

③質問項目《しつもんこうもく》を考《かんが》える。回答《かいとう》する人《ひと》が誤解《ごかい》をしたり、まちがった回答《かいとう》をしたりしないように、質問《しつもん》の形式《けいしき》や文章《ぶんしょう》、選択肢《せんたくし》の内容《ないよう》をきちんと考《かんが》える。

あとで集計《しゅうけい》するときのことも考《かんが》えて、質問《しつもん》の項目《こうもく》や形式《けいしき》を決《き》めよう。

④アンケート用紙《ようし》を作成《さくせい》し、アンケート調査《ちょうさ》を行《おこな》う。

⑤アンケート用紙《ようし》を回収《かいしゅう》し、項目《こうもく》ごとに答《こた》えを集計《しゅうけい》する。結果《けっか》からわかったことを、発表《はっぴょう》などの形式《けいしき》にまとめる。

まとめ方《かた》には、表《ひょう》やグラフ、ランキングなど、いろいろなものがあるよ。グラフにするときは、内容《ないよう》に合《あ》わせて、棒《ぼう》グラフや円《えん》グラフなど、グラフの種類《しゅるい》を決《き》めよう。

はがきの書《か》き方《かた》

はがきは、簡単《かんたん》な用件《ようけん》や、人《ひと》に見《み》られてもさしつかえのないことを伝《つた》える場合《ばあい》に使《つか》います。また、季節《きせつ》のあいさつ状《じょう》としても用《もち》います。ここでは、その中《なか》の「年賀状《ねんがじょう》」と「暑中見《しょちゅうみ》まい」の書《か》き方《かた》を紹介《しょうかい》します。

年賀状《ねんがじょう》

明けまして
おめでとうございます
昨年はいろいろと
ありがとう。
今年もサッカーの練習
がんばろうね。
元旦

一月一日《いちがつついたち》から一月七日《いちがつなのか》の間《あいだ》に届《とど》くように出《だ》そう。

- 「明《あ》けましておめでとうございます」「新年《しんねん》おめでとうございます」「謹賀新年《きんがしんねん》」などの季節《きせつ》のあいさつを書《か》く。
- 前《まえ》の年《とし》にお世話《せわ》になったことへのお礼《れい》やあいさつを書《か》く。
- 「元旦《がんたん》」「平成《へいせい》○年元旦《ねんがんたん》」のように書《か》く。

※「元旦《がんたん》」は一月一日《いちがつついたち》の朝《あさ》のこと。

暑中見《しょちゅうみ》まい

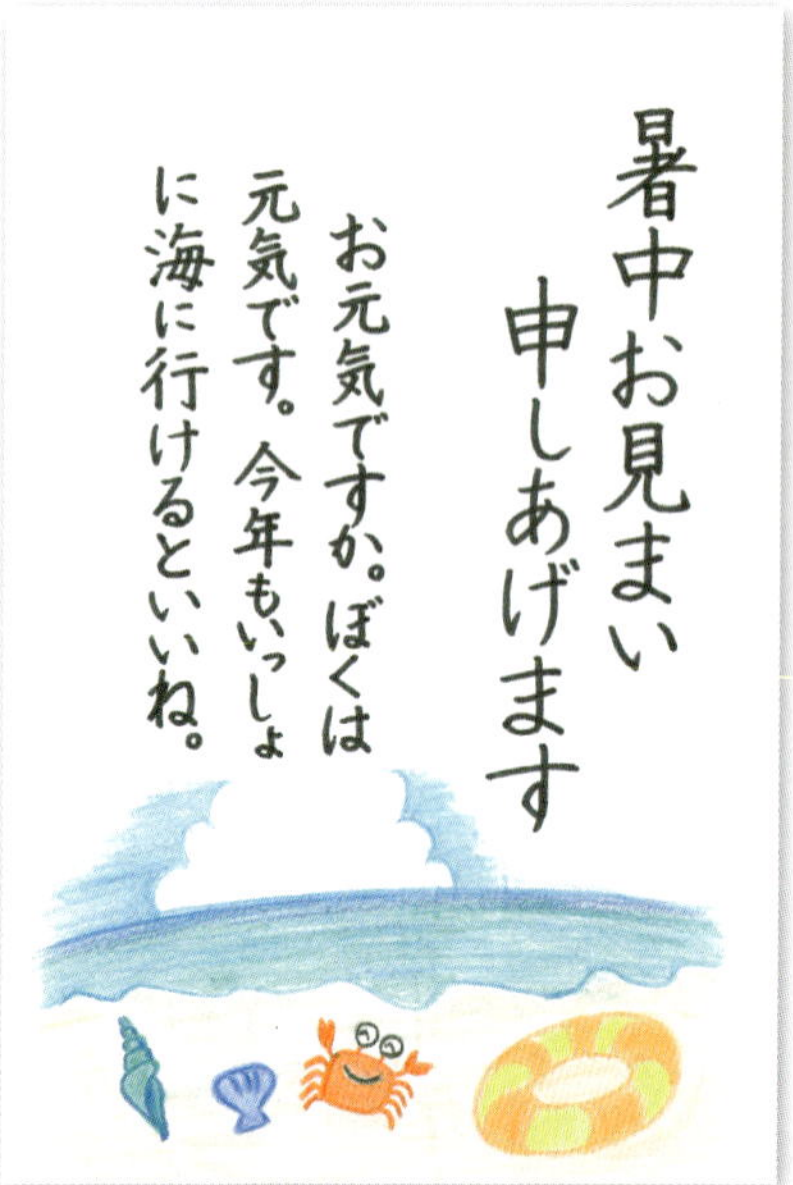
暑中お見まい
申しあげます
お元気ですか。ぼくは
元気です。今年もいっしょ
に海に行けるといいね。

七月中旬《しちがつちゅうじゅん》(つゆ明《あ》け)から立秋《りっしゅう》になるまでに届《とど》くように出《だ》そう。

- 「暑中《しょちゅう》お見《み》まい申《もう》しあげます」という季節《きせつ》のあいさつを書《か》く。
- 相手《あいて》の近況《きんきょう》をたずねることばや、相手《あいて》に伝《つた》えたいことなどを書《か》く。

年賀状《ねんがじょう》も暑中見《しょちゅうみ》まいも「拝啓《はいけい》」「敬具《けいぐ》」のような頭語《とうご》や結語《けつご》は不要《ふよう》だよ。

季節《きせつ》のあいさつのことば

改《あらた》まった手紙《てがみ》やはがきには、初《はじ》めに季節《きせつ》を感《かん》じられるあいさつのことばを書《か》きます。ここにあげている例《れい》の他《ほか》にも、季節《きせつ》の花《はな》や天気《てんき》、その時期《じき》の食《た》べ物《もの》などを用《もち》いて、自分《じぶん》なりの季節《きせつ》のあいさつを作《つく》ってみましょう。

【一《いち》月《がつ》】
新《あら》たな年《とし》が始《はじ》まりました。
一段《いちだん》と寒《さむ》さが増《ま》してきました。

【二《に》月《がつ》】
梅《うめ》がほころび始《はじ》めました。
厳《きび》しい寒《さむ》さが続《つづ》いています。

【三《さん》月《がつ》】
ようやく春《はる》めいてきました。
もものつぼみがふくらみ始《はじ》めました。

【四《し》月《がつ》】
桜《さくら》の花《はな》が満開《まんかい》となりました。
日差《ひざ》しが心地《ここち》よい季節《きせつ》となりました。

【五《ご》月《がつ》】
新緑《しんりょく》のまぶしい季節《きせつ》になりました。
こいのぼりが青空《あおぞら》を泳《およ》いでいます。

【六《ろく》月《がつ》】
かさが手放《てばな》せない季節《きせつ》になりました。
あじさいが美《うつく》しくさいています。

はがきは紙面《しめん》が小《ちい》さいので、季節《きせつ》のあいさつは省略《しょうりゃく》することもあるよ。

【七《しち》月《がつ》】
すいかがおいしい季節《きせつ》になりました。
暑《あつ》い日《ひ》が続《つづ》いています。

【八《はち》月《がつ》】
ひまわりが元気《げんき》にさいています。
厳《きび》しい残暑《ざんしょ》が続《つづ》いています。

【九《く》月《がつ》】
虫《むし》の音《ね》が美《うつく》しいころとなりました。
ぶどうのおいしい季節《きせつ》になりました。

【十《じゅう》月《がつ》】
秋《あき》の風《かぜ》がさわやかな季節《きせつ》となりました。
木々《きぎ》の葉《は》も色《いろ》づいてきました。

【十一《じゅういち》月《がつ》】
落《お》ち葉《ば》が風《かぜ》にまう季節《きせつ》となりました。
はく息《いき》が白《しろ》くなってきました。

【十二《じゅうに》月《がつ》】
こがらしのふく季節《きせつ》になりました。
今年《ことし》も残《のこ》り少《すく》なくなりました。

た行《ぎょう》

は行《ぎょう》

ま行《ぎょう》

や行《ぎょう》

わ行《ぎょう》

索引《さくいん》

この本《ほん》の「ことばの資料《しりょう》」に出《で》てくる見出《み だ》しを50音順《おんじゅん》でならべています。
見出《み だ》し語《ご》の前《まえ》のマークは，次《つぎ》のようにそれぞれのことばを表《あらわ》しています。

判断・評価　判断《はんだん》・評価《ひょうか》を表《あらわ》すことば
程度・頻度　程度《ていど》・頻度《ひんど》を表《あらわ》すことば
時・タイミング　時《とき》・タイミングを表《あらわ》すことば

あ行《ぎょう》

時・タイミング　あいにく……49
判断・評価　明《あき》らかだ……20
時・タイミング　あとで……48
判断・評価　あやふやだ……20
判断・評価　いい……18
判断・評価　意外《いがい》だ……21
時・タイミング　一度《いちど》に……49
時・タイミング　いつ……49
時・タイミング　いつの間《ま》にか……49
時・タイミング　いつも……49
時・タイミング　今《いま》……48
時・タイミング　今《いま》まで……48
判断・評価　おとる……18
判断・評価　同《おな》じだ……20
判断・評価　思《おも》ってもみない……21

か行《ぎょう》

判断・評価　学問的《がくもんてき》だ……20
時・タイミング　かつて……48
判断・評価　下等《かとう》だ……19
程度・頻度　かなり……37
判断・評価　完全《かんぜん》だ……21
時・タイミング　急《きゅう》に……48
判断・評価　公平《こうへい》だ……19
時・タイミング　このたび……48
時・タイミング　今度《こんど》……48

さ行《ぎょう》

時・タイミング　先《さき》の……48
時・タイミング　さっき……48
時・タイミング　早速《さっそく》……48
程度・頻度　さらに……36
時・タイミング　しばらく……49
程度・頻度　じゅうぶんに……36
判断・評価　主体的《しゅたいてき》だ……20
判断・評価　常識的《じょうしきてき》だ……19
判断・評価　上手《じょうず》だ……19
判断・評価　象徴的《しょうちょうてき》だ……20
判断・評価　上等《じょうとう》だ……19
時・タイミング　すぐ（に）……48
程度・頻度　少《すこ》し……37
時・タイミング　ずっと……49
時・タイミング　そのうち（に）……48

監修

髙木まさき（たかぎまさき）

（公財）教科書研究センター統括研究監·横浜国立大学名誉教授。専門は国語教育学。著書に『「他者」を発見する国語の授業』（大修館書店），『情報リテラシー　言葉に立ち止まる国語の授業』（編著　明治図書出版），『国語科における言語活動の授業づくり入門』（教育開発研究所）などがある。

森山卓郎（もりやまたくろう）

早稲田大学文学学術院教授·京都教育大学名誉教授。専門は日本語学。著書に『日本語·国語の話題ネタ』（編著　ひつじ書房），『明解日本語学辞典』（共編著　三省堂），『旺文社標準国語辞典』（監修　旺文社），『あいまい·ぼんやり語辞典』（編著　東京堂出版），『コミュニケーションの日本語』（岩波ジュニア新書），『日本語の〈書き〉方』（岩波ジュニア新書）などがある。

編集

青山由紀（あおやまゆき）

筑波大学附属小学校教諭。著書に『青山由紀の授業　「くちばし」「じどう車くらべ」「どうぶつの赤ちゃん」全時間·全板書』，『「かかわり言葉」でつなぐ学級づくり』（ともに東洋館出版社），『こくごの図鑑』（小学館），『古典が好きになる―まんがで見る青山由紀の授業アイデア10』（光村図書出版）などがある。

岸田 薫（きしだかおる）

関東学院大学教育学部こども発達学科准教授。横浜市立学校教諭，同市教育委員会主任指導主事，同市立学校長を経て現職。専門は国語科教育法。著書に『「見方·考え方」を働かせる実践事例&プラン』（共著　東洋館出版社）などがある。

協力

那波理絵（なばりえ）

大阪国際大学非常勤講師。専門は日本語学·日本語教育学。

●**装丁・デザイン** 有限会社ダイアートプランニング（大場由紀）
●**表紙イラスト** あさいとおる
●**本文イラスト** 茶々あんこ　ツダタバサ　和久田容代
●**執筆協力** 酒井かおる
●**編集協力** 株式会社 童夢

◆主要参考文献

『言葉図鑑6　くらしのことば』（偕成社），『例解学習類語辞典』（小学館），『日本語大シソーラス』（大修館書店），『国立国語研究所資料集14　分類語彙表―増補改訂版』（大日本図書），『手紙で気持ちを伝えよう　全3巻』（ポプラ社），『語彙に着目した授業をつくる―語彙表編』（光村図書出版），『語彙力の発達とその育成』（明治図書出版），『「読解力」を伸ばす読書活動』（明治図書出版）

光村の国語　語彙を広げる！ 書いて，話して，伝わることば ❷

話し合う　聞く　たずねる　手紙を書く

2013年2月26日　第1刷発行
2025年3月15日　第2刷発行

監修　髙木まさき　森山卓郎
編集　青山由紀　岸田 薫
発行者　湯地修治
発行所　光村教育図書株式会社
〒141-0031　東京都品川区西五反田2-27-4
TEL 03-3779-0581（代表）
FAX 03-3779-0266
www.mitsumura-kyouiku.co.jp
印刷　株式会社 精興社
製本　株式会社 ブックアート

ISBN978-4-89572-795-2　C8081　NDC814
64p　27×22cm

Published by Mitsumura Educational Co.,Ltd.Tokyo,Japan

よし！友達にも手紙を書こう。

おはよう！手紙届いた？
今週、三通目が届いたよ。
毎日会っているのに。